前木祥子
著

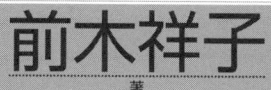

しっかり学ぶ
ロシア語

文法と練習問題

は じ め に

　本書はロシア語の初歩を独習する人のために書かれました。ロシア語はやってみたいけど難しそう、と思っていませんか。確かに、ラテン文字とはすこし違うアルファベットですね。でも、いったん読み方を覚えてしまうと文字と音の関係はとても単純です。発音も決してむずかしくありません。ロシア語を読めるようになるまでにそれほど時間はかからないのです。まったく知らなかった文字を読むのはうれしいものです。しかも、とても美しい響きを持った言葉なので喜びも格別です。いったんロシア語を始めると長いお付き合いになる人が多いのは、そのあたりにも理由があると私は考えています。

　でも、文法が面倒では？　確かに初等文法で覚えることは少なくありませんが、はじめから完璧に覚えてなくてもいいのです。まず、おおまかな作りを理解して、細かなところはゆっくり、しっかり補っていってください。

　ロシアは言うまでもなく広大な国で、ロシア人はあきれるくらいのんびりした人々です。私たちもおおらかに楽しくロシア語に取り組みましょう。この本を通して、皆さんのロシアへの興味が広がることも願っています。

　最後にこの本を書くよう勧めてくださった早稲田大学の故水野忠夫名誉教授、CD 収録・原稿校閲をお願いしたナターリア・ツァルークさんに心よりお礼申し上げます。

筆者

この本の特徴と使い方

1. 本書では初等文法で扱われる文法事項をひと通り取り上げました。最後までやれば、辞書を引いて簡単な文章をひとりで読めるはずです。また、より高度な文法を学ぶ素地ができ、つぎの段階へ進めると思います。

2. 自習書として編纂されていますが、取り上げた事項をすべて目次に示しましたので、先生について学んでいる人が予習したり、復習したりするためのいわば参考書としても使えます。

3. 各課は原則として、「基本例文」「文法と用例」「練習問題」(解答) からなっています。CDを聞き、基本例文と解説を読み、練習問題を解いて書いてみてください。書くことはとても大切です。

4. ルビは4課まで、振ってあります。ロシア語の読み方はやさしいので、それ以降はCDの助けを借りて頑張ってください。ゆっくりでも、つかえても気にせず、声に出してみましょう。基本例文はすべて、それ以外はCDと示してあるところが吹き込まれています。どうか繰り返し、聞いてください。

5. 文法の理解と平行して取り組んでいただきたいのは、語彙作りです。外国語の習得には基礎的な単語力がどうしても必要です。一日1語でもいいのです。意識して取り組んでみてください。＜語彙をふやしましょう＞はその助けになることを願って書きました。

6. 前置詞および本文で示せなかった変化は、巻末の付表に出ています。ひとりで文章を作るときや、別の単語だとどう語形変化するのかを知りたいときなどに、付表をおおいに利用してください。

7. 本書で使われた記号について：「/」は、「あるいは」を意味します。в/на とあれば、「в あるいは на」という意味です。「＜」は、名詞、代名詞、形容詞などは主格の形または代表形としての男性形を、動詞の場合は辞書の見出し語である不定形を示します。

しっかり学ぶロシア語　目次

第1課　アルファベット⑴ 文字の形と名前
- **1** アルファベットを覚えよう ─ 18
- **2** 母音を表す字（母音字）・子音を表す字（子音字）・記号文字 ─ 18
- **3** 辞書の見出しになる文字 ─ 18
- ● 練習問題 ─ 20

第2課　アルファベット⑵ 文字の音
- **1** 母音－硬母音・軟母音とは－ ─ 22
- **2** 母音を表す字－硬母音字・軟母音字－ ─ 22
- **3** 子音を表す21文字－有声子音と無声子音－ ─ 23
- **4** ⑴ 有声－無声の対をなす6組12個の子音字 ─ 23
- **5** ⑵ 対を持たない5個の有声子音──й、л、м、н、р── ─ 24
- **6** ⑶ 対を持たない4個の無声子音──х、ц、ч、щ── ─ 24
- **7** 有声子音・無声子音の一覧表 ─ 24
- **8** 子音のもう1つの音、軟子音 ─ 24
- 【こんな分類もある】 ─ 25
- ● 練習問題 ─ 26
- ● 自分の名前をロシア文字で書きましょう＜日本語50音のロシア文字表記＞ ─ 27

第3課　読み方の決まり
- **1** 音節の考え方 ─ 30

- **2** アクセント ─ 30
- **3** アクセントのないとき音の変わる母音字 о、e、я ─ 31
- **4** 子音の無声化・有声化 ─ 31
- **5** 記号文字 ъ、ь が入った単語の読み方 ─ 33
- ● 練習問題 ─ 34
- 【数字を読んで、覚えましょう！1〜20】─ 37

第4課　あいさつ

- **1** 初対面のあいさつ ─ 39
- **2** 日常のあいさつ － Здрáвствуйте! － ─ 39
- **3** 「ありがとう」 ─ 40
- **4** その他の表現 ─ 40
- 【ロシア人の名前は3つある】─ 42
- ● 練習問題 ─ 43
- ● ロシアの人名と愛称 ─ 45

第5課　「AはBである」(1)

- **1** これは何ですか ─ 47
- **2** もっと具体的に聞きたいとき ─ 47
- **3** 指示代名詞 э́то ─ 47
- **4** ロシア語に冠詞はない ─ 48
- **5** 疑問詞のない疑問文 ─ 48
- **6** Да「はい」、Нет「いいえ」と否定語 не ─ 48
- **7** 「〜ではなく、…である」 ─ 48
- **8** 「知は力なり」 ─ 49
- 【イントネーションについて】─ 49
- ● 練習問題 ─ 50

第6課　「AはBである」(2)・人称代名詞

1. 疑問詞 кто で名前を聞く ———————————————— 53
2. 疑問詞 кто で職業・国籍を聞く ————————————— 53
3. 人称代名詞 ————————————————————— 53
4. 職業を表す語 ———————————————————— 54
5. 国籍を表す語 ———————————————————— 55
● 練習問題 —————————————————————— 56

第7課　名詞・性と複数

1. 名詞の性 ————————————————————— 60
2. 語末の文字による性の分け方 ————————————— 60
3. 語末の文字で性が判別できない名詞 ——————————— 61
4. 複数形 — 規則的な変化 ———————————————— 61
5. 綴り字の規則で -ы が -и になる語 ——————————— 62
6. 規則に当てはまらない複数形 ————————————— 62
7. 疑問詞 где とその答え ———————————————— 63
8. つねに複数形で使う名詞 ——————————————— 63
● 練習問題 —————————————————————— 64

第8課　所有代名詞・指示代名詞と形容詞

1. 1人称と2人称の所有代名詞 —————————————— 68
2. 1人称と2人称の所有代名詞の用法 ———————————— 68
3. 3人称の所有代名詞 ————————————————— 69
4. 指示代名詞「この」 э́тот、э́та、э́то、э́ти ———————— 69
5. 形容詞の主要な変化型 ———————————————— 69
6. 形容詞主要型以外の変化 ——————————————— 70
7. 疑問詞「どのような」 како́й?、кака́я?、како́е?、каки́е? ——— 71
8. 形容詞を使った慣用表現 ——————————————— 71

- 練習問題 ──── 72
- 【親族を表す名詞】 ──── 75

第9課　動詞の現在変化

1 動詞現在時制の規則変化 ──── 77
2 1式変化（e変化） ──── 77
3 2式変化（и変化） ──── 78
4 2式変化で語幹末が г、к、х：ж、ч、ш、щ の場合 ──── 79
5 変化型はそのつど、覚えよう ──── 79
6 主語の省略・主語の位置 ──── 79
7 「何々語を読む、書く、話す」の表現 ──── 79
8 писа́ть（書く）の変化 ──── 80
＜語彙をふやしましょう＞基本の動詞 ──── 81
- 練習問題 ──── 82

第10課　格

1 6つの格 ──── 85
2 格の基本的な意味 ──── 85
3 例文で見るおもな格の用法 ──── 85
4 кто・что の格変化 ──── 86

第11課　前置格

1 前置格 ──── 88
2 名詞の前置格の形 ──── 88
3 в＋前置格は「…のなかで」、на＋前置格は「…の上で」（基本例文①） ──── 89
4 場、場所を表す「в/на＋前置格」（基本例文②） ──── 89
5 что の前置格 чём、кто の前置格 ком ──── 89
6 жить（住む、生きる）の変化 ──── 90

＜語彙をふやしましょう＞場所、場を表す名詞 ──────── 90
● 練習問題 ────────────────────────── 91

第12課　動詞の過去時制

1　ふつうの動詞の過去形 ────────────────── 95
2　人称代名詞が主語の場合 ───────────────── 95
3　-ся 動詞の現在形と過去形 ──────────────── 96
4　be 動詞に当たる動詞 быть、基本例文② ─────────── 96
5　быть の過去形を使った文 ──────────────── 97
6　быть の過去形を使った「行きました」の表現 ───────── 97
7　「もう、行った」「まだ、行ったことがない」 ──────────── 98
8　дóма について ────────────────────── 98
　　＜語彙をふやしましょう＞時を表す副詞（名詞） ───────── 98
● 練習問題 ────────────────────────── 99

第13課　対格

1　2式変化の唇音変化 ───────────────── 103
2　люби́ть の用法 ────────────────── 103
3　а と я で終わる女性名詞の対格 ───────────── 103
4　「…を」と訳す対格 ─────────────────── 104
5　игра́ть в ＋対格、игра́ть на ＋前置格 ─────────── 104
6　男性名詞の「活動名詞」、その対格 ─────────── 104
7　что − кто の対格 что − кого́ と代名詞の対格 ──────── 105
8　名前の表現に使う対格 − Как вас зову́т？（あなたの名前は？） ── 105
● 練習問題 ───────────────────────── 107

第14課　移動の動詞(1)「行く」

1　2式変化の歯音変化 ───────────────── 110

9

2 идти́ と е́хать の変化	110
3 идти́ － ходи́ть、е́хать － е́здить の意味	111
4 目的地を表す в/на ＋対格、尋ねる куда́	111
5 「行った」（行って帰ってきた）	112
6 近未来を表す идти́ と е́хать	112
7 「帰宅する」	112
8 「…をしに行く」	112
9 交通手段	113
10 さまざまな意味を持つ идти́	113
＜語彙をふやしましょう＞乗り物	113
● 練習問題	114

第15課　生格(1)

1 生格と生格の形	119
2 由来・所属・特徴を表す生格	119
3 代名詞の所属は所有代名詞で	119
4 形容詞の生格	120
5 存在しないものや人を表す生格	120
6 生格を要求する動詞	121
● 練習問題	122

第16課　生格(2)・所有の表現

1 「誰々は…を持っている」の表現	125
2 у＋人称代名詞の生格	125
3 否定の表現	126
4 存在を問題にしない場合	126
5 「わが町では」У нас в го́роде…	126
6 「誰々は…が痛い」	127
7 不規則動詞 хоте́ть（…したい、…がほしい）	127

8 どうして？ なぜなら	128
＜語彙をふやしましょう＞体の部分	128
● 練習問題	129

第17課　数詞と名詞・値段の表現

1 数詞表 0〜1,000	134
2 1について、2について	135
3 数詞と名詞の数・格	136
4 組み合わせの数詞	136
5 2,000、5,000 の言い方	136
6 数量を表す生格	137
7 брать（とる）の変化	137
8 値段の表現	137
● 練習問題	139

第18課　与格と造格

1 与格の形	142
2 与格の基本的な用法	142
3 к＋与格「誰々のところへ行く」	143
4 造格の形	143
5 道具、手段を表す造格	144
6 過去時制・未来時制で造格になる述語	144
7 職業を聞く慣用表現	144
8 -овать 動詞と不規則動詞 есть	145
● 練習問題	146

第19課　形容詞短語尾の用法

| 1 形容詞短語尾形の基本的な型 | 150 |

2 短語尾形の変形型—男性形にのみ現れる e	150
3 その他の注意すべき形容詞短語尾形	151
4 形容詞短語尾形の使い方	151
5 主語なしで用いる中性形	151
6 疑問詞 как ＋短語尾中性形を使った感嘆文	152
7 副詞となる形容詞短語尾中性形	152
8 述語 дóлжен（男）、должнá（女）、должны́（複）	152
9 月名とその用法	153
＜語彙をふやしましょう＞形容詞短語尾形・よく使われる述語と副詞	153
● 練習問題	154

第20課　未来形

1 быть の未来変化形	158
2 быть の未来形を使った文「…でしょう、あるでしょう」	158
3 時制のまとめ（быть）	158
4 無人称文の未来形、過去・存在を否定する文の未来形	159
5 ふつうの動詞の未来形	159
6 時制のまとめ（ふつうの動詞）	159
7 с ＋造格 /чем － кем「…とともに」	160
8 曜日の言い方・聞き方	161
● 練習問題	162

第21課　動詞の不完了体・完了体

1 不完了体動詞と完了体動詞	167
2 不完了体と完了体の形	167
3 不完了体と完了体が表す意味	168
4 完了体過去形	168
5 完了体未来形	168
6 不完了体と完了体の時制と形	169

| **7** | 不完了体が並ぶとき、完了体が並ぶとき | 169 |
| **8** | весь「すべて、全部」| 169 |

＜語彙をふやしましょう＞動詞は対で覚えよう ― 171

● 練習問題 ― 172

第 22 課　命令法

1 命令形の作り方 ― 176

2 ①現在語幹・未来語幹が母音で終わる動詞 ― 176

3 ②現在語幹・未来語幹が子音で終わる動詞（A）-я の変化形のアクセントが語尾にあるもの ― 177

4 ③現在語幹・未来語幹が子音で終わる動詞（B）-я の変化形のアクセントが語幹にあるもの ― 177

5 давáй（те）を使った「…しよう」の表現 ― 178

6 мочь（…できる）の変化（（完）смочь）― 178

7 無人称述語 ― 178

● 練習問題 ― 180

第 23 課　時間の表現・年齢の表現

1 「(いま) 何時ですか」― 184

2 時間の表現 ― 184

3 「…時に」― 184

4 継続時間は対格で ― 185

5 年齢の表現 ― 185

6 год を使ったその他の表現 ― 185

7 形容詞の形をした名詞 ― 186

● 練習問題 ― 187

第 24 課　移動の動詞 (2)・接頭辞＋移動の動詞

1. 定動詞と不定動詞 ───── 190
2. лете́ть – лета́ть（飛ぶ）と бежа́ть – бе́гать（走る） ───── 190
3. 移動の動詞の体・定・不定動詞に接頭辞がつくと ───── 190
4. прие́хать（完）を使った表現 – отку́да「どこから？」と「…から」 ───── 191
5. пройти́（…へ（徒歩で）行く）と дойти́（…まで（徒歩で）行く） ───── 192
6. 完了体 – 不完了体の対を作らない接頭辞 по – ───── 192
7. пойти́ と пое́хать を用いた慣用表現 ───── 193
   ＜語彙をふやしましょう＞接頭辞の意味 ───── 193
● 練習問題 ───── 194

第 25 課　比較級

1. 比較級の 2 つの形 ───── 197
2. 規則的な単一比較級のアクセント ───── 197
3. 不規則な単一比較級 ───── 198
4. 比較の対象の表し方 ───── 198
5. 形容詞の最上級 ───── 198
6. 「気分がいい、悪い」　чу́вствовать себя́… ───── 199
7. 不変化名詞 ───── 199
● 練習問題 ───── 200

第 26 課　関係代名詞 кото́рый

1. 関係代名詞 кото́рый の変化 ───── 203
2. 関係代名詞 кото́рый の用法 ───── 203
3. 代名詞の前置格 ───── 204
4. находи́ться の用法 ───── 205
● 練習問題 ───── 206

第 27 課　仮定法・接続詞 чтобы

- **1** 仮定法－動詞の過去形＋бы ——————————— 209
- **2** 条件を表す éсли ————————————————— 209
- **3** 願望を表す仮定法 ————————————————— 210
- **4** 接続詞 чтóбы の用法 ———————————————— 210
- ● 練習問題 ——————————————————————— 212

第 28 課　いろいろな表現

- **1** нрáвиться の用法 —————————————————— 215
- **2** 不定人称文－「…ということだ」「…される、された」 ——— 215
- **3** 否定代名詞、否定副詞（ни 疑問詞）————————— 216
- **4** 順序数詞の形 ———————————————————— 216
- **5** 日付の表現－①「…日」②「…月…日」③「…日に」——— 216
- **6** 年の表現－①「…年」②「…年に」—————————— 217
- **7** 「…年…月…日」——————————————————— 217
- 【順序数詞】————————————————————————— 218
- ● 練習問題 ——————————————————————— 219

付表

- ● いろいろな格をとる前置詞 ————————————————— 222
- ● 男性名詞の変化 ——————————————————————— 222
- ● 女性名詞の変化 ——————————————————————— 223
- ● 中性名詞の変化 ——————————————————————— 224
- ● 形容詞の性・数・格変化 ——————————————————— 225
- ● 所有代名詞の変化 ——————————————————————— 227
- ● 指示代名詞 этот（この）と定代名詞 весь（すべての）の変化 ——— 227

第1課　アルファベット (1) 文字の形と名前

アルファベット

文字	文字の名前	音	文字	文字の名前	音
А а	アー	ア	П п	ペー	プ
Б б	ベー	ブ	Р р	エル*	ル
В в	ヴェー	ヴ	С с	エス	ス
Г г	ゲー	グ	Т т	テー	トゥ
Д д	デー	ドゥ	У у	ウー	ウ
Е е	ィエー	ィエー	Ф ф	エフ	フ
Ё ё	ヨー	ヨー	Х х	ハー	フ
Ж ж	ジェー	ジ	Ц ц	ツェー	ツ
З з	ゼー	ズ	Ч ч	チェー	チ
И и	イー	イー	Ш ш	シャー	シ
Й й	イ・クラートカヤ	(短い) イ	Щ щ	シシャー	シシ
К к	カー	ク	Ъ ъ	トゥヴョールドゥイ・ズナーク	(なし)
Л л	エル*	ル	Ы ы	ウイ	ウイ
М м	エム	ム	Ь ь	ミャーフキィ・ズナーク	(なし)
Н н	エヌ	ヌ	Э э	エー	エ
О о	オー	オ	Ю ю	ユー	ユー
			Я я	ヤー	ヤー

※お詫びと訂正：CDの З と Ж の音が逆になっています。申し訳ありません。

＊Л（л）とР（р）はカタカナ表記するとどちらも「エル」ですが、「ル」の音が違います。Л（л）は、舌先を上の歯の裏につけます。Р（р）は、舌先を軽く震わせる巻き舌の「ル」です。

筆記体の文字を書いてみましょう！

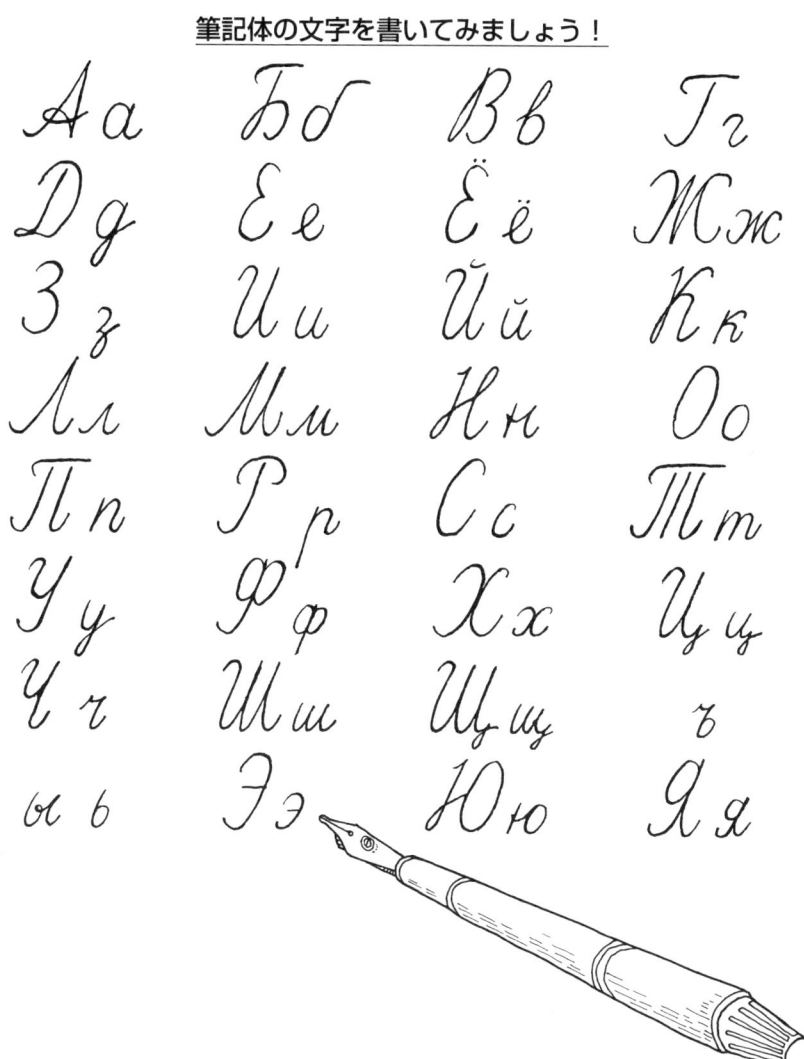

文法と発音　覚えておきたいこと

1 アルファベットを覚えよう

　ロシア語のアルファベット алфави́т は全部で **33** です。文字もちょっと変わっています。CD を聞き、名前を口に出して言いながら、大文字と小文字を書いてみてください。名称をしっかり覚えると、今後、ロシア語を読むのが楽になります。

　英語と同じ形でも、違う名前の文字に注意しましょう。В（в）は「**ヴェー**」で、Е（е）は「**ィエー**」です。Н（н）「**エヌ**」や Р（р）「**エル**」は英文字とは無関係です。また、小文字にも気をつけましょう。в、к、м、н、т は英語とは違って**大文字をそのまま小さくした形**です。

　初めて見る文字はかえって覚えやすいと思います。面白い形だなぁ、と楽しみながら、繰り返し書いてください。多くはギリシャ文字を元にしています。γ（ガンマー）のΓ（г）「**ゲー**」、π（パイ）のП（п）「**ペー**」というふうに覚えてもいいですね。

2 母音を表す字（母音字）・子音を表す字（子音字）・記号文字

　33 文字は母音字（10 個）、子音字（21 個）、記号文字（2 個）に分類できます。

母音字	а ы у э о я и ю е ё		
子音字（有声音）＊	б в г д ж з		й л м н р
（無声音）＊	п ф к т ш с	х ц ч щ	
記号文字	ъ ь		

＊ 有声音・無声音については次の課で説明します。

　記号文字それ自体には音がありません。ъ「トゥヴィョールドゥイ・ズナーク」は前後の子音と母音を分ける役割、ь「ミャーフキィ・ズナーク」は子音の後ろにきて、その字を［イ］の響きのある音にする役割をします。

3 辞書の見出しになる文字

　33 文字は多くて辞書を引くのも大変、と思うかもしれませんが、辞書の見出しになる文字はおもに **29 文字**です。まず、Ы（ы）「**ゥイ**」はふつう文頭にきません。つぎに Ё（ё）「**ヨー**」ですが、これは Е（е）「**ィエー**」に特殊なアクセント記号のつ

いた文字なので、E（e）の項目に入っています。そして、記号文字が文頭にくることはありません。

　なお、Ё（ё）の上の（‥）は、通常の印刷物ではついていません。E（e）であるか、Ё（ё）であるかは読み手が判断するのですが、慣れればむずかしくありません。

練習問題・УПРАЖНЕНИЕ

1、アルファベットの大文字・小文字 33 組を順番に書いてみましょう。

2、上に書いたロシア文字の母音字に○、記号文字に△をつけましょう。

3、つぎの略語＊をアルファベットで発音してみましょう。　　　　　CD 2

① МГУ（モスクワ国立大学）

② ПК（パーソナル・コンピュータ）

③ ЕС　（ＥＵ、ヨーロッパ連合）

④ ЛДПР（ロシア自由民主党）

⑤ ДТП　（交通事故）

＊単語の頭文字からなるロシア語の略語では、文字の後ろにピリオドはふつう打ちません。

【第１課の解答】

１、アルファベット表を参照。

２、○：Аа、Ее、Ёё、Ии、Оо、Уу、Ыы、Ээ、Юю、Яя
　　△：Ъъ、Ьь

３、①エム・ゲー・ウー②ペー・カー③ィエー・エス④エル・デー・ペー・エル⑤デー・テー・ペー

第2課 アルファベット（2）文字の音

アルファベット33文字の名前と形は覚えられましたか。この課では、それぞれの文字の音について学びましょう。

1 母音 ― 硬母音・軟母音とは ―

ロシア語の**母音**は**6個**、それを表す文字、**母音字**は**10個**です。硬母音字と軟母音字、それぞれ5つずつに分けられます。硬音・軟音というとむずかしそうですが、硬音とは軟音でないものを便宜上こう呼ぶだけです。では軟音とは、どういう音でしょうか。「イーッ」と言うと、口がぐっと横に引かれますね。**このような口構えから発音される母音を軟母音といいます。**

2 母音を表す字 ― 硬母音字・軟母音字 ―

CD 3

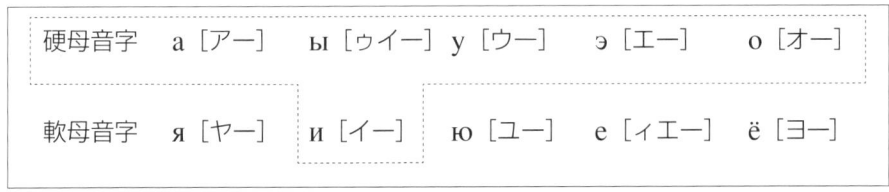

表の中が、10母音字とその音です。点線で囲んだ文字が6個の音を1文字で表したもの、残りの4文字は上の音にそれぞれ「イ」をつけた2つの音を1文字で表したものです。たとえば、「ィア」を続けて読むと、[ヤー]となりますね。

発音はむずかしくありません。CDを聞いて、素直に読んでください。**強くはっきりと、口を開けたり、引いたりして音を出しましょう。**とくにy[ウー] ю[ユー]は唇を丸くして前に出すように。**ы[ゥイー]は、1つの音です。**舌を引いて弱い「ウ」と強い「イ」を同時に出す気持ちでどうぞ。

母音字と硬母音字・軟母音字の区別は大切です。「あ、ぃい、う、え、お」「や、い、ゆ、ぃえ、よー」と覚えましょう。

3 子音を表す21文字 ― 有声子音と無声子音 ―

　子音はすべて有声音と無声音に分かれます。有声音は声帯が震える音。無声音は声帯が震えない音なので、声にならない音ではありません。喉に軽く指を当ててみるとわかります。これらは、（1）音の出し方が同じで、有声音と無声音の対をなす文字、（2）対を持たない有声音の文字、（3）対を持たない無声音の文字、に分けられます。

　単独の音とaとの組み合わせの音で見ていきましょう。

4 (1) 有声 ― 無声の対をなす6組12個の子音字　　CD 4

① 　б［ブ］ ― п［プ］　　　　ба［バ］ ― па［パ］
　しっかり閉じた唇を、勢いよく開いて音を出します。

② 　в［ヴ］ ― ф［フ］　　　　ва［ヴァ］ ― фа［ファ］
　歯を下唇に軽く当てて音を出します。英語のv ― fに似た音色です。

③ 　г［グ］ ― к［ク］　　　　га［ガ］ ― ка［カ］
　喉から息を吐くようにして音を出します。гは鼻にかかった音にはなりません。

④ 　д［ドゥ］ ― т［トゥ］　　да［ダ］ ― та［タ］
　д ― тは1音なので、カナ表記の音とはすこし違います。英語のd ― tに似ています。

⑤ 　ж［ジ］ ― ш［シ］　　　　жа［ジャ］ ― ша［シャ］
　ロシア語特有の音です。日本語の「じ」「し」を発音するのと違い、舌先はすこし丸めて上顎に近づけ、口の奥から息を出します。

⑥ 　з［ズ］ ― с［ス］　　　　за［ザ］ ― са［サ］
　英語のz ― sとだいたい同じです。

5 (2) 対を持たない5個の有声子音 ― й、л、м、н、р ― CD 5

① й ［イ］：「イ・クラートカヤ」は「短い［イ］」という意味です。英語では、you の y に当たり、ごく短い［イ］［j］です。つねに母音 のあとにきます。

② л ［ル］― ла ［ラ］：舌を前歯の裏につけて発音する、英語の l ［エル］に似た音色です。

③ м ［ム］― ма ［マ］：英語の m ［エム］と同じ音。唇をしっかり閉じましょう。

④ н ［ヌ］― на ［ナ］：英語の n ［エヌ］です。舌を歯の後ろにしっかりつけましょう。

⑤ р ［ル］― ра ［ラ］：巻き舌の「ル」です。巻き舌の苦手な人は英語の r ［アール］のように舌を口の奥に立ててください。

6 (3) 対を持たない4個の無声子音 ― х、ц、ч、щ ― CD 6

① х ［フ］― ха ［ハ］：日本語の「ふ」とは、かなり違います。喉の奥から強く息を吐き出す感じで発音してください。

② ц ［ツ］― ца ［ツァ］：日本語の「つ」とほぼ同じです。

③ ч ［チ］― ча ［チャ］：日本語の「ち」とほぼ同じです。

④ щ ［シシ］― ща ［シシャ］：口を横に引いて音を出します。

7 有声子音・無声子音の一覧表

有声子音	б、в、г、д、ж、з		й、л、м、н、р
無声子音	п、ф、к、т、ш、с	х、ц、ч、щ	

有声であるか無声であるかは、ロシア語を読むうえでとても大切です。わからなくなったら、この表に戻って確認してください。

8 子音のもう1つの音、軟子音 CD 7

ж、ц、ч、ш、щ＊以外の子音は、いままでに学んだ音とは別の音を持っています。口を軽く引いて出す［イ］の響きの残る軟音です。軟音の発音記号は、［s']のように［']をつけて表します。

この音になるのは、①軟母音字（я、и、ю、е、ё）が後ろにきたとき、②ь（ミ

ャーフキィ・ズナーク）が後ろにきたときです。

　т、д、с、з を取り上げ、ふつうの音と軟母音字（ここでは、я、ю を取り上げます）と、ь が後ろにきて軟子音になった音とを比べます。CD の音をよく聞いてください。

та [ta] － тя [t'a]	ту [tu] － тю [t'u]	т [t] － ть [t']
да [da] － дя [d'a]	ду [du] － дю [d'u]	д [d] － дь [d']
са [sa] － ся [s'a]	су [su] － сю [s'u]	с [s] － сь [s']
за [za] － зя [z'a]	зу [zu] － зю [z'u]	з [z] － зь [z']

＊ж、ц、ч、ш、щ は、あとにくる文字に関係なく、前の項で説明した 1 つの音だけです。

　これで、音の説明は終わりです。初めての言葉がたくさん出てきて、むずかしいなぁ、と思われるかもしれませんが、始めから完璧に理解しなくても大丈夫です。疑問に思ったとき読み返すくらいの気持ちでいましょう。

こんな分類もある

　子音は、音を出すとき、おもにどこの部分を使うかによって、分類されることがあります。ここでは、動詞変化の際に知っておく必要のある唇音と歯音を挙げておきましょう。

唇音：б、п、в、ф、м　（閉じた唇をぱっと開く、唇を軽く噛む、しっかりと
　　　　閉じる、というように、どれも唇を使って音を出します）

歯音：з、с、д、т　（前歯に息を強く当てる、舌先を前歯の裏に打ちつける、
　　　　どれも歯を使っています）

練習問題・УПРАЖНЕНИЕ

1、5個の硬母音字を書きましょう。

_____

_____

2、5個の軟母音字を書きましょう。

_____

_____

3、声帯を震わせる有声音と震わせない無声音が対をなしている子音字、6組12文字を書きましょう。

_____

_____

4、対を持たない子音です。有声音には○、無声音には◎をつけてください。

　й　л　м　н　р　х　ц　ч　щ

【第2課の解答】

1、а、ы、у、э、о　　2、я、и、ю、е、ё

3、б－п、в－ф、г－к、д－т、ж－ш、з－с

4、○：й、л、м、н、р　　◎：х、ц、ч、щ

■ 自分の名前をロシア文字で書きましょう＜日本語50音のロシア文字表記＞

あいうえお	а	и	у	э	о
かきくけこ	ка	ки	ку	кэ	ко
さしすせそ	са	си	су	сэ	со
たちつてと	та	ти	цу	тэ	то
なにぬねの	на	ни	ну	нэ	но
はひふへほ	ха	хи	фу	хэ	хо
まみむめも	ма	ми	му	мэ	мо
や　ゆ　よ	я	ю	ё (йо)		
らりるれろ	ра	ри	ру	рэ	ро
わ　　ん	ва		н		
がぎぐげご	га	ги	гу	гэ	го
ざじずぜぞ	дза	дзи	дзу	дзэ	дзо
だぢづでど	да	дзи	дзу	дэ	до
ばびぶべぼ	ба	би	бу	бэ	бо
ぱぴぷぺぽ	па	пи	пу	пэ	по
きゃきゅきょ	кя	кю	кё		
ぎゃぎゅぎょ	гя	гю	гё		
しゃしゅしょ	ся	сю	сё		
じゃじゅじょ	дзя	дзю	дзё		
ちゃちゅちょ	тя	тю	тё		
にゃにゅにょ	ня	ню	нё		
ひゃひゅひょ	хя	хю	хё		
ぴゃぴゅぴょ	пя	пю	пё		
びゃびゅびょ	бя	бю	бё		
みゃみゅみょ	мя	мю	мё		
りゃりゅりょ	ря	рю	рё		

初めての文字と音は覚えにくいものです。日本語のロシア文字表記を通して、ロシア文字のおおまかな音をつかみましょう。表に当てはめてローマ字のように書けば、日本の人名や地名をロシア文字で表せます。自分の名前をロシア文字で書けたら楽しいですね。あくまで日本語のロシア文字表記であることを忘れずに。ここでは使われないロシア文字もあります。また「トルストイ」をそのままローマ字のように綴ると、ロシア語の綴りとは違ってしまいます。

[表記上の注意]

① のばす音は母音1字で―森さんと毛利さんは同じ―
　　毛利（もうり）さんは Моури とならず、森さんと同じ、Мори と書きます。
② 「っ」はローマ字と同じ要領で
　　はねる音は「っ」の後ろの子音を重ねます。新田（にった）→ Нитта
③ 「進一」さんを「しにち」と読まないために
　　たとえば「し・ん・い・ち」をそのまま表記すると、Си・н・и・ти となります。でも Синити では、Си［し］ни［に］ти［ち］と読んでしまいます。ни の間に ъ（分離記号）を入れましょう。**Синъити** これで「しんいち」と読めますね。
④ 漢字1字の「あい」「えい」の「い」は й で　愛子さんの「い」は и ではなく、й を使って Айко とします。
⑤ б、м、п の直前の「ん」は м で　本間（ほんま）さんの場合、Хонма ではなく、Хомма と書きます。
⑥ 慣用的に決まっている地名、その他50音表記とは違う綴りが慣用的に使われている地名、その他があります。
　　東京：Ток<u>и</u>о　　横浜：<u>Й</u>окогама　　京都：<u>К</u>иото
　　寿司：су<u>ш</u>и（規則通り суси と書くこともよくあります）

[**クイズ　人名、地名**]　読んでみましょう。答えは下に。

人名：1. Куросава Акира

　　　2. Одзава Сэйдзи

　　　3. Мацусита Коносукэ

　　　4. Кавабата Ясунари

　　　5. Акутагава Рюносукэ

地名：1. Сэндай

　　　2. Осака

　　　3. Цукуба

　　　4. Саппоро

　　　5. Миядзаки

解答　人名：1黒沢明　2小澤征爾　3松下幸之助　4川端康成　5芥川龍之介
　　　地名：1仙台　2大阪　3つくば　4札幌　5宮崎

29

第3課　読み方の決まり

さぁ、いよいよ、ロシア語を読みましょう。いくつかの決まりごとがあります。これさえ覚えれば、ほとんどの単語は辞書なしで読めます。

◪ 音節の考え方

音節とは、母音字を基にした音の単位です。1つの単語の中に母音字が1つなら1音節の単語、2つなら2音節の単語です。

◪ アクセント

① 前置詞を除くすべての単語にはアクセントがあり、アクセントのある音節は**強く、長め**に発音されます。この「長めに」がロシア語の特徴の1つです。アクセントのない音節は弱く、短めに発音されます。

一般に1音節の単語にはアクセント記号をふりませんが、アクセントは母音字にあります。たとえば、дом は［ドム］ではなく、［ドーム］と読みます。

② ё は、特殊なアクセント記号のついた文字です。必ず「強く、長め」です。すでにアクセント記号があるので、ふつうの記号（´）はふりません。また、同じ語の中で他の母音字にアクセントがくることはありません。たとえば、ёлка は［ヨルカー］とは読まず、必ず、［ヨールカ］と読みます。

1音節の単語　сыр［スィール］（チーズ）、центр［ツェーントル］（中心）、дом［ドーム］（家）、я［ヤー］（私は）

2音節の単語　э́ра［エーラ］（紀元）、Ю́ра［ユーラ］（ユーラ：人名）、ёлка［ヨールカ］（モミの木）、уро́к［ウローク］（課、授業）

3音節の単語　у́лица［ウーリツァ］（通り）、ко́мната［コームナタ］（部屋）、институ́т［インスティトゥートゥ］（単科大学、研究所）

3 アクセントのないとき音の変わる母音字 o、e、я CD 8

o、e、я はアクセントのないとき「弱く、短く」なるだけでなく、音が変わります。とくに o はかなり違った音になるので、注意しましょう。

① アクセントのない o は弱い「ア」と読む

вода́ [ヴァダー] (水)　　　　дорóга [ダローガ] (道路)
горá [ガラー] (山)　　　　окнó [アクノー] (窓)
Москвá [マスクヴァー] (モスクワ)　слóво [スローヴァ] (単語)
ногá [ナガー] (足)　　　　хорошó [ハラショー] (よい)
у́тро [ウートラ] (朝)

② アクセントのない e、я はあいまいな「イ」に近い音になる CD 9

　　アクセントなし　　　　　　　　アクセントあり
земля́ [ズィムリャー] (土地)　　газéта [ガズィエータ] (新聞)
перó [ピロー] (羽)　　　　пéсня [ピィエースニャ] (歌)
сестрá [スィストラー] (姉または妹)　сéмь [スィエーミ] (7)
язы́к [イズィーク] (言語)　　я́блоко [ヤーブラカ] (りんご)

ただし、語末の e、я は多くの場合、あいまいな [ア] [ヤ] となります。

плáтье [プラーチィア] (衣服)　　хи́мия [ヒーミャ] (化学)

4 子音の無声化・有声化

子音字のなかには、有声音と無声音が対になっているものがありました。**これらの子音字は、ある条件下で互いの対の音に変わります**。有声音が対の無声音になることを**無声化**、無声音が対の有声音になることを**有声化**といいます。

有声音	б	в	г	д	ж	з
	↓	↓	↓↑	↓↑	↓	↓↑
無声音	п	ф	к	т	ш	с

● 無声化

表の↓が示すように、б、в、г、д、ж、з のすべてが対の音に変わります。変わ

るのは、①語末にあるとき、②**すぐ後ろに無声子音がきたとき**、です。

① **б、в、г、д、ж、з が語末にある場合**（後ろに ь がついた場合も語末と考えます）

CD 10

хле**б**（п の音になるので）［フリィエーㇷ゚］（パン）
ле**в**（ф の音になるので）［リィエーフ］（ライオン）
любо́**в**ь（ф に ь がついているので）［リュボーフィ］（愛）
дру**г**（к の音になるので）［ドゥルーク］（友人）
го́ро**д**（т の音になるので）［ゴーラトゥ］（都市、町）
тетра́**д**ь（т に ь がつくので）［チィトラーチィ］（ノート）
этá**ж**（ш の音になるので）［エターシ］（階）
ра**з**（с の音になるので）［ラース］（（1回、2回の）回）

② **б、в、г、д、ж、з のすぐ後ろに無声子音がある場合**

CD 11

前置詞は後ろの単語と続けて読むので、1単語内と同じ無声化が起きます。

ю́**б**ка［ユープカ］（スカート）　　по́ез**д**［ポーイストゥ］（列車）
ска́**з**ка［スカースカ］（おとぎばなし）
пере**д** сно́м［ピリトゥ・スノーム］（寝る前に）
ло́**ж**ка［ローシカ］（スプーン）
в чемода́не［フ・チィマダーニェ］（スーツケースのなかに）
за́**в**трак［ザーフトラク］（朝食）

● 有声化

CD 12

表の↑の通り、有声化が起こるのは、к、т、с だけです。しかも、後ろに有声子音 б、г、ж、з、д がきたときに限られます。

э**к**за́мен［エグザーメン］（試験）　　фу**т**бо́л［フドボール］（サッカー）
сбор［ズボール］（集会）　　　　про́**с**ьба*［プローズィバ］（頼みごと）
с жено́й［ズ・ジノーィ］（妻と一緒に）
＊間に ь があっても「すぐ後ろ」と考えます。

5 記号文字 ъ、ь が入った単語の読み方

ъ：前後の子音字と母音字（я、e、ё、ю）を分けます。

　　отъéзд ［アトゥィエースト］（出発）

ь：第2課 8 で見たように直前の子音を軟子音にするほか、分かれた音を表します。

　　семья́ ［スィミィヤー］（家族）（ь の入らない мя́со ［ミャーサ］（肉）とは違いますね。）

練習問題・УПРАЖНЕНИЕ

1、1音節の単語の母音には、つねにアクセントがあることに注意して、次の単語を読みましょう。

① банк（銀行）　② век（世紀）　③ гость（客）

④ ключ（鍵）　⑤ чай（紅茶）　⑥ ночь（夜）

⑦ рис（米）　⑧ мир（世界）　⑨ цирк（サーカス）

⑩ шкаф（本棚）

2、2音節以上の単語を読みましょう。

① а́дрес（住所）　② ваго́н（車両）　③ вино́（ワイン）

④ игра́（ゲーム）　⑤ ко́шка（猫）　⑥ лицо́（顔）

⑦ ма́рка（切手）　⑧ по́чта（郵便局）　⑨ река́（川）

⑩ су́мка（バッグ）　⑪ такси́（タクシー）　⑫ у́жин（夕食）

⑬ фру́кты（果物［複］）　⑭ число́（数）　⑮ шко́ла（学校）

⑯ апте́ка（薬局）　⑰ о́пера（オペラ）　⑱ приро́да（自然）

⑲ рабо́та（仕事）　⑳ экску́рсия（観光）

3、[ア] の音になるアクセントのない **o** に注意して、次の単語を読みましょう。

CD 16

① аэропо́рт（空港）　② вопро́с（質問）　③ голова́（頭）

④ де́рево（木）　⑤ коме́дия（喜劇）　⑥ ма́сло（バター、油）

⑦ оде́жда（衣服）　⑧ отве́т（答え）　⑨ оте́ц（父親）

⑩ пи́во（ビール）　⑪ соба́ка（犬）　⑫ столи́ца（首都）

⑬ столо́вая（食堂）　⑭ фотогра́фия（写真）　⑮ ю́мор（ユーモア）

4、母音 ё [ヨー] の読み方に気をつけて、次の単語を読みましょう。

CD 17

① ковёр（じゅうたん）　② мёд（はちみつ）　③ зелёный（緑色の）

④ жёлтый（黄色の）　⑤ твёрдый знак（分離記号）

5、有声子音の無声化、無声子音の有声化に気をつけて、次の単語を読みましょう。

CD 18

① дуб（かしわ）　② оши́бка（間違い）　③ улы́бка（微笑み）

④ ла́вка（売店）　⑤ о́бувь（靴）　⑥ снег（雪）

⑦ во́дка（ウオッカ）　⑧ обе́д（正餐）　⑨ газ（ガス）

⑩ глаз（目）　⑪ мужско́й（男性の）　⑫ в пя́тницу（金曜日に）

⑬ сда́ча（釣り銭）　⑭ футболи́ст（サッカー選手）　⑮ вокза́л（始発／終着駅）

【第3課の解答】

1、①バーンク②ヴェーク③ゴースチ④クリューチ⑤チャーイ⑥ノーチ⑦リース⑧ミール⑨ツィールク⑩シカーフ

2、①アードリス②ヴァゴーン③ヴィノー④イグラー⑤コーシカ⑥リツォー⑦マールカ⑧ポーチタ⑨リカー⑩スームカ⑪タクシー⑫ウージン⑬フルークトゥイ⑭チスロー⑮シコーラ⑯アプティエーカ⑰オーピラ⑱プリローダ⑲ラボータ⑳エクスクールシア

3、①アエラポールト②ヴァプロース③ガラヴァー④ディエーレヴァ⑤カメーディア⑥マースラ⑦アディエージダ⑧アトヴィエートゥ⑨アティエーツ⑩ピーヴァ⑪サバーカ⑫スタリーツァ⑬スタローヴァヤ⑭ファタグラーフィア⑮ユーマル

4、①カヴィョール②ミョートゥ③ズィリョーヌィ④ジョールトゥイ⑤トゥヴョールドゥイ・ズナーク

5、①ドゥープ②アシープカ③ウルィープカ④ラーフカ⑤オーブフィ⑥スニィエーク⑦ヴォートカ⑧アビィエートゥ⑨ガース⑩グラース⑪ムシスコーイ⑫フピャートニツゥ⑬ズダーチャ⑭フドボリーストゥ⑮ヴァグザール

数字を読んで、覚えましょう！1〜20 `CD 19`

1 оди́н、одна́、одно́、одни́
   アジィーン　アドナー　アドノー　アドニー

2 два、две
   ドヴァ　ドヴェ

3 три
   トリー

4 четы́ре
   チトゥィリェ

5 пять
   ピャーチ

6 шесть
   シェースチ

7 семь
   スィエーミ

8 во́семь
   ヴォースィエミ

9 де́вять
   ディエーヴャチ

10 де́сять
   ディエーシャチ

11 оди́ннадцать
   アディーンナッツァチ

12 двена́дцать
   ドヴェナーッツァチ

13 трина́дцать
   トゥリナーッツァチ

14 четы́рнадцать
   チェトゥィールナッツァチ

15 пятна́дцать
   ピィトナーッツァチ

16 шестна́дцать
   シェスナーッツァチ

17 семна́дцать
   スイムナーッツァチ

18 восемна́дцать
   ヴァスィムナーッツァチ

19 девятна́дцать
   ディヴィトナーッツァチ

20 два́дцать
   ドゥヴァーッツァチ

＊間違えやすいのは、9と10です。деにアクセントがありますから、[ディエーヴャチ][ディエーシャチ]と最初の音節を長く、強く発音してください。

＊ -дцать では、д が ц に無声化されて［т］の音になりますから、「ッツァチ」と読みます。

＊ 1は後ろにくる名詞の性と数による4つの形を使い分けます。2は2つの形を使い分けます。名詞の性については、あとの課で詳しく説明します。

第4課 あいさつ

CD 20

この課の基本例文

【初対面のあいさつ】

― Давáйте познакóмимся.　　　　　友だちになりましょうよ。
　　ダヴァーイチェ　　パズナコーミムシャ

― Меня́ зову́т А́нна.　　　　　　　私はアンナよ。
　　ミニャー　ザヴート　アンナ

　　А как вас зову́т?　　　　　　　で、あなたの名前は？
　　ア　カーク　ヴァース　ザヴート

― Меня́ зову́т Акико Танака.　　　田中明子というの。
　　ミニャー　ザヴート　アキコ　　タナカ

― О́чень прия́тно.　　　　　　　　どうぞよろしく。
　　オーチニ　　プリヤートナ

― О́чень прия́тно.　　　　　　　　こちらこそ、よろしく。
　　オーチニ　　プリヤートナ

【日常のあいさつ】

― Здра́вствуй, А́нна. Как дела́?　　こんにちは、アンナ。調子はどう？
　　ズドゥラーストヴィー　　アンナ　　カーク　ディラー

― Спаси́бо, хорошо́. А твой?　　　ありがとう、いいわよ。そっちは？
　　スパスィーバ　　ハラショー　　ア　トヴァイー

― Ничего́.　　　　　　　　　　　　まぁ、悪くないね。
　　ニチヴォー

(語句) □ дава́йте познако́мимся 知り合いになりましょう　□ меня́ зову́т ... 私の名は…です　□ а いっぽう　□ о́чень прия́тно どうぞよろしく　□ здра́вствуй こんにちは　□ А́нна アンナ　□ как дела́? 調子はどう？　□ спаси́бо ありがとう　□ хорошо́ よい、元気だ　□ твой? きみのほうは　□ ничего́ [ニチヴォー] (го は特別な読み方) 悪くない、まあまあだ

文法と用例　覚えておきたいこと

　ロシア語はだいぶ読めるようになりましたか。この課では、簡単なあいさつの表現を学びます。文法の説明はこれからですので、読みの練習のつもりでこのまま覚えましょう。

1 初対面のあいさつ

　基本例文の **Давáйте познакóмимся.** は、学校で、職場で、また旅先でも使えます。学校や職場の場合、相手は同じくらいの立場と考えてください。先生や目上の人に対しては、

　　Разреши́те предстáвиться.　自己紹介します。
　　ラズリシーチェ　プリトスターヴィッツァー

と言います。この文を直訳すると、「自己紹介するのをお許しください」となりますが、それほどへりくだった意味はありません。

　　Меня́ зовýт…
　　ミニャー　ザヴート

　これは名前を言うときの決まり文句です。ふつう、名を言いますが、例文のように姓名を言うこともあります。

2 日常のあいさつ ー Здрáвствуйте! ー

　Здрáвствуй! は、時間帯を問わず、一日中、使えます。ただし、相手がひとりで親しい間柄に限ります。それ以外では、Здрáвствуйте![ズドゥラーストヴィーチェ]を使いましょう。読み方がむずかしいですね。まず、5文字目の в は読みません。Здра の子音3つのつながりのなかでは、д の音が聞き取りにくく、[ズラー]のようにも聞こえるかもしれません。д を読む気持ちを忘れずに、[ズドゥラーストヴィーチェ]と言ってみましょう。

　簡単に言うときには英語の Hi! や Hello! に当たる Приве́т![プリヴェート]（やぁ）を使います。Здрáвствуйте! や Приве́т! などのあいさつのあとには、相手の名前を言うのがふつうです。親しい間では名を、年配の女性や目上の人には**名**

+父称を使います。父称については、この課の最後で説明します。

3「ありがとう」

具合を尋ねられたら、「ありがとう」と言うのは、どの外国語も同じですね。ロシア語の「ありがとう」は **Спасибо!** [スパスィーバ]。アクセントのない o を [ア] と読み、си が日本語の [し] にならないように気をつければ、発音は簡単です。

4 その他の表現

CD 21

おはよう。	Доброе утро! ドーブラャ　ウートラ
こんにちは。	Добрый день! ドーブルイ　ディエーニ
こんばんは。	Добрый вечер! ドーブルイ　ヴェーチル
おやすみなさい。	Спокойной ночи! スパコーイナイ　ノーチ
さようなら。	До свидания! ダスヴィダーニャ
お元気で。	Всего* хорошего*! フスィヴォー　ハローシィヴァ
またね。	Пока! パカー
ごめんなさい。	Извините. イズヴィニーチェ
申し訳ありません。	Простите. プラスチーチェ
うかがいますが、	Скажите, пожалуйста, スカジーチェ　パジャールスタ
どうぞ・どういたしまして。	Пожалуйста. パジャールスタ
いいですよ、承知しました。	Хорошо. ハラショー

もちろん。	Конéчно.（чは例外的に［シ］と読みます） カニェーシナ
喜んで。	С удовóльствием. スゥダヴォーリストヴィエム
残念ながら、	К сожалéнию, クサジャレィエーニユ

　ここで、ぜひ覚えておきたいのは、**Пожáлуйста**. と **Хорошó**. です。**Пожáлуйста** は、「どうぞ」の意味のほかに、Спасибо.（ありがとう）に答えて「どういたしまして」とも言えます。また、Извините.（ごめんなさい）に対して「いいですよ」にもなります。**Хорошó**. には「承知しました」という意味もあります。また「？」をつけると、「これでいいですか？」の意味にもなります。

　Извините, や **Простите**, は日本語の「すみませんが、」と同じように、何かを尋ねるときにも使います。

* ここの2つの **го** は特別に во の音になります。-гó が［ヴォー］、-го は［ヴァ］と読みます。

ロシア人の名前は３つある

①　ロシア人の名前は、**и́мя 名** + **о́тчество 父称** + **фами́лия 姓** の３つからなっています。真ん中の父称はロシア特有のものです。その名の通り、父親の名（ファーストネーム）を基にして、男性は -ович または -евич、女性は -овна または -евна をつけます。

　　　Андре́й Никола́евич　　　Ири́на Никола́евна
　　　アンドレーイ　ニカラーイヴィチ　　イリーナ　ニカラーイヴナ

　どちらも父親の名は Никола́й [ニカラーイ] です。日本語の「…さん」「…様」に当たるロシア語は、господи́н [ガスパディーン]（男性）、госпожа́ [ガスパジャー]（女性）ですが、ロシア人にはあまり使わず、代わりに **名 + 父称** を用います。

②　ロシア人の姓も、多くの場合、男・女、別の形をしています。①の Андре́й さんの姓が Каре́нин 姓だとすると、Ири́на さんの姓は Каре́нина です。
　　　　　　　　　　　　　　カレーニン　　　　　イリーナ　　　　　　　カレーニナ

　Андре́й　Никола́евич　Каре́нин　アンドレーイ・ニカラーイヴィチ・カレーニン
　Ири́на　Никола́евна　Каре́нина　イリーナ・ニカラーイヴナ・カレーニナ

　どうですか。名前ひとつとっても、ロシア独特で興味深いですね。

練習問題・УПРАЖНЕНИЕ

1、初対面のあいさつを練習しましょう。始めは、CDをよく聞いてテキスト通りに、繰り返し言ってください。うまく、言えるようになったら、自分の名前と知り合いの名前を使って言ってみましょう。

2、問いを読んで答えてみましょう。

Как дела? _____

3、いろいろな表現を読んで、意味を考えましょう。

① Спасибо. _____

② Здравствуйте! _____

③ Привет! _____

④ Доброе утро! _____

⑤ До свидания! _____

⑥ Хорошо. _____

⑦ Пожалуйста. _____

⑧ Конечно. _____

⑨ Пока! _____

⑩ Как дела? _____

【第4課の解答】

1、例 （鈴木一郎さんと山田はるこさんで）- Дава́йте познако́мимся.（友だちになりましょう）Меня́ зову́т Итиро Судзуки.（鈴木一郎といいます）А как вас зову́т?（あなたのお名前は？）- Меня́ зову́т Харуко Ямада.（山田はるこです）О́чень прия́тно.（どうぞよろしく）- О́чень прия́тно.（こちらこそ、どうぞよろしく）

2、Спаси́бо, хорошо́. ありがとう。元気です。（または）Ничего́. いいですよ。

3、①ありがとう。②こんにちは。③やぁ。④おはよう。⑤さようなら。⑥いいですよ。⑦どうぞ。⑧もちろん。⑨またね。⑩調子はどうですか。

рýсские именá* ロシアの人名と愛称

　ロシア人の名前は、伝統的なものから選んでつけられます。名前には決まった愛称があります。本書でも愛称が出てきますので、知っておくといいですね。よく使われる名前を挙げます。

男性名	愛称	女性名	愛称
Алексáндр	- Сáша	Алексáндра	- Сáша
Алексéй	- Алёша	Áлла	
Андрéй	- Андрю́ша	Áнна	- Áня
Антóн	- Антóша	Вéра	
Борúс	- Бóря	Галúна	- Гáля
Вадúм	- Вáдик	Екатерúна	- Кáтя
Вúктор	- Вúтя	Елéна	- Лéна
Владúмир	- Волóдя	Ирúна	- Úра
Дмúтрий	- Мúтя、Дúма	Ларúса	- Лáра
Ивáн	- Вáня	Людмúла	- Лю́да
Úгорь		Марúна	
Николáй	- Кóля	Марúя	- Мáша、Марýся
Максúм	- Макс	Натáлья	- Натáша
Михаúл	- Мúша	Нúна	
Олéг		Óльга	- Óля
Пётр	- Пéтя	Светлáна	- Свéта
Сергéй	- Серёжа	Тамáра	- Тóма
Ю́рий	- Ю́ра	Татья́на	- Тáня

*именá は úмя（名）の複数、рýсские は複数につく「ロシアの」という意味です。

第5課 「AはBである」(1)　CD 23

この課から、読みのカタカナはつけません。わからなくなったら、文字と発音編を見直しましょう。

この課の基本例文

① – Что э́то?　　　　　　　　これは何ですか。

　– Э́то кни́га.　　　　　　　これは（一冊）の本です。

　– Э́то то́же кни́га?　　　　これも本ですか。

　– Да, э́то то́же кни́га.　　はい、これも本です。

　– Нет, э́то не кни́га.　　　いいえ、これは本ではありません。

　– Э́то не кни́га, а тетра́дь.　これは本ではなくて、ノートなのです。

② Зна́ние — си́ла.　　　　　知は力なり。

語句　□ что［シトー］何？　□ э́то（無変化）これは　□ кни́га 本　□ то́же もまた　□ да はい　□ нет いいえ　□ не... …ではない　□ не～, а... ～ではなく、…だ　□ зна́ние 知、知識　□ си́ла 力

文法と用例　覚えておきたいこと

　この課からロシア語の文法を勉強しましょう。むずかしいとよく言われますが、この課の「A は B である」の表現はとても簡単です。いまのうちに読みをしっかり身につけましょう。

1 これは何ですか

　疑問詞 что「何？」は規則通りに読むと［チトー］ですが、例外的に ч を［シ］と読むので［シトー］となります。この что のあとに это（これは）を置いて、最後に「？」をつけると、

　　Что это?

「…ですか」の「です」に当たるものは、現在時制の文では使いません。これだけで「これは何ですか」の文になります。

2 もっと具体的に聞きたいとき

　ある物が何かはっきりしなくて尋ねる場合、たとえば、目の前の飲み物が何か知りたいとします。**Что это?** と聞いて、Это напиток.（これは飲み物です）では、困りますね。具体的な答えを求めるときには、疑問詞の意味を強める語 такое を後ろにつけます。

　　Что это такое? これは、いったい何ですか。

と言えば、Это кефир.（飲むヨーグルトです）とか、Это молоко.（ミルクです）という答えが返ってきます。

3 指示代名詞 это

　это には英語の this（これは）と these（これらは）のような使い分けはなく、単数・複数どちらにも使えます。また、漠然とした状況も示せます。たとえば、「それはいいですね」は、хорошо と組み合わせて、Это хорошо! とします。

最初のэにアクセントがあるので、[エト]ではなく、[エータ]と読みますね。

4 ロシア語に冠詞はない

ロシア語に冠詞はありません。名詞は単・複を問わず、何もつけずに使えます。

Э́то ＋ 名詞．

これだけで、「A（これ）は、Bです」となります。なお、Что э́то? の答えとして、Э́то を省略することもできます。

  Что э́то? − Кни́га. 本です。
       − Кни́га и тетра́дь. 本とノートです。

ただの単語のようですが、立派な文ですから、大文字で始めて「.」（ピリオド）を忘れずにつけましょう。

5 疑問詞のない疑問文

疑問詞のない疑問文は、ふつうの文の終わりに「？」をつけます。

 Э́то то́же кни́га． → Э́то то́же кни́га？
  これも本です。   これも本ですか。

6 Да「はい」、Нет「いいえ」と否定語 не

Да と Нет はともに1音節の単語です。[ダー]、[ニェートゥ]と母音を強く長めに発音しましょう。続けて文を書くときは「,」を忘れずに。

これに対し、「…ではない」を表す否定語 не にはふつうアクセントはなく、**否定する語のすぐ前に入れて、1語のように発音します**。не кни́га（本ではない）は［ニィクニーガ］となります。

否定文の多くは、この не を否定する語の前に入れて得られます。

7 「～ではなく、…である」

否定語 не と接続詞 а を **не ～, а…** のようにすると、基本例文①のように「～ではなく、…である」という構文ができます。

Э́то **не** ча́й, **а** ко́фе.　これは紅茶ではなく、コーヒーです。
Э́то **не** вода́, **а** во́дка.　これは水ではなく、ウオッカです。

8 「知は力なり」

「A は B である」の文で A と B が両方とも普通名詞の場合、主語と述語の関係をはっきりさせるために、A と B の間に「—」ダッシュを入れます。A の後ろで一息入れる気持ちで読みます。Зна́ние — си́ла.（知は力なり）はロシアの格言です。

CD 24

イントネーションについて

ロシア語のイントネーションには、全部で 7 つの型があります。この 7 つの型を言い分けるのは大変むずかしいので、あまり神経質になる必要はありません。しかし、**ふつうの文と疑問詞のない疑問文の聞き分けは、イントネーションでしかできません**。まず、この 2 つのイントネーションを身につけてください。また、**Что** で始まる疑問文も見てください。

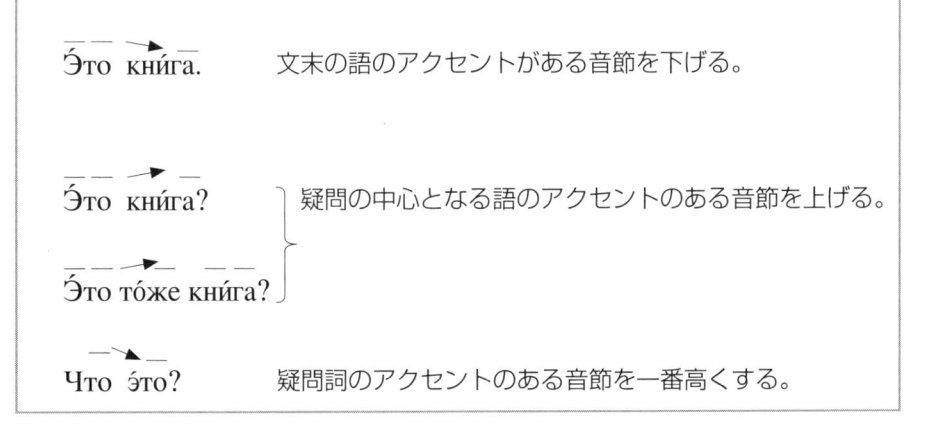

Э́то кни́га.　　　文末の語のアクセントがある音節を下げる。

Э́то кни́га?
Э́то то́же кни́га?　疑問の中心となる語のアクセントのある音節を上げる。

Что э́то?　　　疑問詞のアクセントのある音節を一番高くする。

練習問題・УПРАЖНЕНИЕ

1、始めに **Что это**? と書いてから、かっこ内の単語を使って「これは～です」と答えましょう。

① （кни́га） _____

② （тетра́дь） _____

③ （чай） _____

2、例にならって、質問に肯定と否定で答えましょう。
　　例　Э́то кни́га? Да, э́то кни́га. Нет, э́то не кни́га.

① Э́то тетра́дь? _____

② Э́то молоко́? _____

③ Э́то вино́? _____

3、例にならって、かっこ内の単語を使い、**не ～, а...** の構文で答えましょう。
　　例　Э́то кни́га?（тетра́дь）　Нет, э́то не кни́га, а тетра́дь.

① Э́то во́дка?（вода́） _____

② Э́то сок*?（вино́） _____

　　　　　　　　　　　　　　　　　　＊ジュース

③ Э́то ру́чка*1?（каранда́ш*2） _____

　　　　　　　　　　　　　　　＊1 ペン　＊2 鉛筆

4、下の単語群を用いて、例にならって「AはBである」の文を作りましょう。
組み合わせは自由です。例　Жизнь — путеше́ствие.（人生は旅である）

① _____

② _____

③ _____

> жизнь: 人生　дру́жество: 友情　любо́вь: 愛　си́ла: 力　же́нщина: 女性
> смерть: 死　рожде́ние: 誕生　дья́вол: 悪魔　путеше́ствие: 旅

【第5課の解答】

1、① Что э́то? – Э́то кни́га. ② Что э́то? – Э́то тетра́дь. ③ Что э́то? – Э́то чай.

2、① Да, э́то тетра́дь. Нет, э́то не тетра́дь. ② Да, э́то молоко́. Нет, э́то не молоко́. ③ Да, э́то вино́. Нет, э́то не вино́.

3、① Нет, э́то не во́дка, а вода́. ② Нет, э́то не сок, а вино́. ③ Нет, э́то не ру́чка, а каранда́ш.

4、組み合わせ例

① Же́нщина — дья́вол.（女性は悪魔である）

② Любо́вь — си́ла.（愛は力である）③ Смерть — рожде́ние.（死は誕生である）

第6課 「AはBである」(2)・人称代名詞

この課の基本例文

① (写真を見て)

– Кто это?	これは誰ですか。
– Это Игорь.	イーゴリです。
– Кто Игорь?	イーゴリは何をしている人なの？
– Он журналист.	彼はジャーナリストです。

②
– Скажите, пожалуйста, вы японка?	伺いますが、あなたは日本人ですか。
– Да, я японка.	はい、私は日本人です。
– Лин тоже японка?	リンも日本人ですか。
– Нет, она не японка.	いいえ、彼女は日本人ではありません。
– А кто Лин?	では、どこの国の人ですか。
– Она китаянка.	中国人ですよ。

語句 ☐ кто 誰 ☐ он 彼は ☐ журналист ジャーナリスト ☐ вы あなたは ☐ японка 日本人（女） ☐ я 私は ☐ она 彼女は ☐ японец 日本人（男） ☐ китаянка 中国人（女）

文法と用例　覚えておきたいこと

　この課では、人を主語にした「AはBである」の文章を勉強します。人称代名詞も覚えましょう。

1 疑問詞 кто で名前を聞く

　疑問詞 кто は英語の who に当たるものです。1音節ですから、то の部分を強く、長めに［クトー］と読みましょう。это はものだけでなく、人も指せるので、

　　Кто э́то?

とすれば、「これは誰ですか」となります。это の後ろに名前を置けば、Э́то И́горь.（イーゴリです）と答えられます。

2 疑問詞 кто で職業・国籍を聞く

　кто のあとに名前や вы「あなたは」、он「彼は」などの人称代名詞 * を続けると、職業を聞けます。　　　　　　　　　　　*すぐあとの項でまとめて説明します。

　　Кто И́горь? イーゴリの職業は何ですか。　　Кто он? 彼の職業は何ですか。

まったく同じ表現で国籍を聞くこともできます。

● 職業を聞くか、国籍を聞くかを明確にするには、後ろに、по специа́льности（職業に関して）、あるいは、по национа́льности（国籍に関して）をつけます。

　　Кто И́горь по специа́льности? イーゴリの職業は何ですか？
　　Кто И́горь по национа́льности? イーゴリはどこの国の人ですか？

3 人称代名詞

　人称代名詞とは人を表す代名詞で、1人称（話し手）、2人称（話し相手）、3人称（それ以外の人）の3つの人称があり、それぞれ単数と複数があります。

	単数	複数
1人称	я*1 （私は）	мы　（私たちは）
2人称	ты （きみは）	вы*2 （あなたは、あなたたちは、きみたちは）
3人称	он*3 （彼は、それは）	они　（彼・彼女たちは、それらは）
	онá*3 （彼女は、それは）	
	онó （それは）	

*1　я はふつうの単語と同様、文頭にくるとき以外は**小文字です**。

*2　вы は文法上の分類では2人称の**複数**ですが、**相手がひとりでも、親しい間柄でなければ、вы を使います**。相手が子供なら ты です。

*3　ロシア語のすべての名詞は、男性・女性・中性いずれかの性を持っています（詳しくは次の課で）。он、онá は、それぞれ、**男性・女性のものを指すのにも使います**。

4 職業を表す語

ロシア語の職業・身分を表す語は、1つの語と、別の形を持っている語があります。

男		女
студéнт	学生	студéнтка
учи́тель	教師、小・中学校の教師	учи́тельница
спортсмéн	運動家	спортсмéнка
актёр	俳優	актри́са
男女共通		
адвокáт　弁護士		архитéктор　建築家
води́тель　運転士		врач　医師
гид　ガイド		инженéр　技術者
профéссор　教授		экономи́ст　経済学者

Я студéнт.　　　ぼくは学生です。　　　Я студéнтка.　　　私は学生です。

● 男性の形は職業一般も表すので、女性でも男性の形を使うことができます。

5 国籍を表す語

国籍を表す語は、以下のように男女別の形をしています。

国名	男	女
Амéрика；США*（アメリカ）	америкáнец	америкáнка
Áнглия（イギリス）	англичáнин	англичáнка
Гермáния（ドイツ）	нéмец	нéмка
Китáй（中国）	китáец	китаянка
Росси́я（ロシア）	рýсский	рýсская
Фрáнция（フランス）	францýз	францýженка
Япóния（日本）	япóнец	япóнка

＊ США ［スシャー］はアメリカ合衆国（Соединённые Штáты Амéрики）の略です。

＊表のように、国名は大文字で書きますが人は大文字にしません。

性による形の違いに気をつけましょう。

Я япóнец.　　　　　　　　　ぼくは日本人です。

Наóми америкáнка.　　　　　ナオミはアメリカ人です。

Тóня рýсская.　　　　　　　 トーニャはロシア人です。

Ви́ктор тóже рýсский.　　　　ヴィクトルもロシア人です。

練習問題・УПРАЖНЕНИЕ

1、例にならって、自分のこと、友人のことを自由に書いてみましょう。

例　Здрáвствуйте! Давáйте познакóмимся. Меня́ зову́т Хироси Ямада. Я инженéр. Я япóнец. Э́то Наоми. Наоми не япóнка. Онá америкáнка. Онá студéнтка. （こんにちは、友だちになりましょう。ぼくは、山田宏といいます。技術者です。日本人です。こちらは、ナオミです。ナオミは日本人ではありません。アメリカ人です。学生です）

_____

_____

_____

_____

2、かっこ内の名前を使って、「これは誰ですか」の質問に答えましょう。

① Кто э́то?（Сергéй）_____

② Кто э́то?（Галúна）_____

③ Кто э́то?（ハルカ）_____

3、例にならって、職業を尋ねる問いを作り、かっこ内の語と人称代名詞を使って答えましょう。例　Сергéй（врач）答え Кто Сергéй? － Он врач.

① Марúя（актрúса）_____

② Пётр（адвока́т）_____

③ Масао（врач）_____

4、例にならって、「～は…人です」となるように空欄に書きましょう。
　　例　Серге́й ру́сский.（ロシア人・男性）

① Гали́на _____.（ロシア人・女性）

② Хару́ка _____.（日本人・女性）

③ Масао _____.（日本人・男性）

5、つぎの文をロシア語にしましょう。
①あなたの職業は何ですか。
_____

②私は弁護士です。
_____

③イーゴリはロシア人ですか。
_____

④はい、彼はロシア人ですよ。
_____

【第6課の解答】

1、例（教師の鈴木一郎さんとロシア人ガイドのマリアさんで）Здрáвствуйте! Давáйте познакóмимся. Меня́ зовýт Итиро Судзуки. Я учи́тель. Я япóнец. Э́то Мари́я. Мари́я не америкáнка. Онá рýсская. Онá гид.（こんにちは。友だちになりましょう。ぼくは、鈴木一郎といいます。教師です。私は日本人です。こちらはマリアです。マリアはアメリカ人ではありません。ロシア人です。ガイドです）

2、① Э́то Сергéй. ② Э́то Гали́на. ② Э́то Харука.

3、① Кто Мари́я? − Онá актри́са. ② Кто Пётр? − Он адвокáт. ③ Кто Масао? − Он врач.

4、① рýсская ② япóнка ③ япóнец

5、① Кто вы (по специáльности)? ② Я адвокáт. ③ И́горь − рýсский? ④ Да, он рýсский.

第7課　名詞・性と複数

この課の基本例文

① － Где газе́та？－ Вот она́.　　新聞はどこかしら？　ほら、新聞だよ。

　－ А журна́л？－ Вот он.　　じゃ、雑誌は？　はい、これ。

　－ Спаси́бо.－ Пожа́луйста.　　ありがとう。お安いご用さ。

② － Молодо́й челове́к, где газе́ты и журна́лы？

　　　　　　　　　　　　　　（店の男性に）すみません、新聞と雑

　　　　　　　　　　　　　　誌類はどこですか。

　－ Они́ здесь.　　ここにありますよ。

　－ А тетра́ди？－ Они́ там.　　では、ノート類は？　あちらです。

語句　□ где どこ？　□ вот（目の前の物を指して）ほら、はい　□ а ところで、いっぽう　□ журна́л 雑誌　□ молодо́й челове́к 男の人に対する呼びかけの言葉。直訳は「若い人、」　□ газе́ты ＜ газе́та 新聞の複数　□ журна́лы ＜ журна́л 雑誌の複数　□ здесь ここ　□ тетра́ди ＜ тетра́дь 女 ノートの複数　□ там あそこ

＊この課以降、-ь 語尾の初出名詞の性を 男 、 女 で示します。

文法と用例　覚えておきたいこと

　この課では、名詞の性と複数形について勉強します。単語ばかりで退屈ですが、決まりをしっかり覚えましょう。練習問題で定着させましょう。

1 名詞の性

　ロシア語の名詞には男性・女性・中性の３つの性があります。 つぎの３つの原則によって、性は決まります。このような性を文法性 род といい、自然の性 пол とは区別されます。

---

① **名詞のほとんどは、語末の文字によって性が自動的に決まる。**
② **ь で終わる名詞は、男性か女性である。**
③ **男の人を表す名詞は自然の性が文法性となる。**

---

2 語末の文字による性の分け方

　名詞の性は、以下のように語末の文字で決まります。代名詞で言い換える場合、男性名詞は он、女性名詞は она́、中性名詞は оно́ を用います。

	語末の文字			代名詞
男性	-子音字	(-й*1)	-ь	он
女性	-а	-я	-ь	она́
中性	-о	-е	-мя*2	оно́

*1　й も子音字ですが、区別します。

*2　-я 語尾の名詞は要注意です。「-я だから、女性名詞！」というのは、早合点。я の前が м だったら、中性名詞です。-мя 語尾の単語はわずかです。

[**例語で語末の文字と性を確認しましょう**]

男性名詞	журна́л（雑誌）	музе́й（美術館）	портфе́ль（かばん）
女性名詞	кварти́ра（部屋）	неде́ля（週）	дверь（ドア）
中性名詞	письмо́（手紙）	зда́ние（建物）	и́мя（名前）

3 語末の文字で性が判別できない名詞

[-ь の名詞は男性か女性]

法則性はないので覚えましょう。ただし、女の人を表す мать（母）、дочь（娘）は女性です。また、жизнь（人生）、любо́вь（愛）など、概念を表す名詞も女性です。

[男の人を表す名詞]

語末の文字と関係なく、男性名詞です。

мужчи́на（男性）、 де́душка（おじいさん）、дя́дя（おじさん）

4 複数形 ― 規則的な変化

複数形は、単数形の語尾を変化させて作ります。子音（й をのぞく）で終わる男性名詞には**そのまま複数語尾をつけ**、それ以外は**語末の文字が複数語尾と交替**します。代名詞で言い換える場合、すべて они́ を用います。

		単数	複数	語末の形	代名詞
男性		журна́л（雑誌）	журна́лы	＋ ы	
女性		кварти́ра（部屋）	кварти́ры	а → ы	
男性		музе́й（美術館）	музе́и	й	
		портфе́ль（かばん）	портфе́ли	ь	→ и
女性		неде́ля（週）	неде́ли	я	они́
		дверь（ドア）	две́ри	ь	
中性		письмо́（手紙）	пи́сьма*	о → а	
		зда́ние（建物）	зда́ния	е → я	
		и́мя（名前）	имена́	мя → мена́	

● ずいぶん複雑だと思われるかもしれません。**まずは男性名詞、女性名詞を覚えましょう。-ы、-и** だけです。これらが複数語尾であることを頭に入れてください（中性名詞の数はそれほど多くありません）。

＊アクセントが移動するものが多い。　ме́сто（席）→ места́ など。

5 綴り字の規則で -ы が -и になる語

子音字と母音字の組み合わせには、書けない綴りがあります。

〈綴り字の規則〉

子音字 г、к、х、ж、ч、ш、щ のあとには、母音字 ы、ю、я を書くことはできない。ы の代わりに и を、ю の代わりに у を、я の代わりに а を書く。

たとえば、гы という綴りは存在しません。**この規則はすべての文法規則に優先する重要な規則です。**男性名詞・女性名詞複数のうち、この規則によって -ы とならずに -и 語尾になるものがあります。

男性名詞　оре́х（くるみ）→ оре́хи　　нож（ナイフ）→ ножи́
　　　　　мяч（ボール）→ мячи́　　това́рищ（同僚）→ това́рищи

女性名詞　кни́га（本）→ кни́ги　　ло́жка（スプーン）→ ло́жки
　　　　　гру́ша（梨）→ гру́ши

6 規則に当てはまらない複数形　　CD 27

規則に当てはまらない複数形があります。よく使われる名詞をここで覚えてしまいましょう。アクセントにも要注意です。

-а となる　　дом（家、建物）→ дома́　го́род（町、市）→ города́
　　　　　　глаз（目）→ глаза́（両目）

-ья となる　брат（兄、弟）→ бра́тья　стул（椅子）→ сту́лья
　　　　　　лист（葉）→ ли́стья　друг（友人）→ друзья́（г が з に変わるので注意）　де́рево（木）→ дере́вья
　　　　　　сын（息子）→ сыновья́（ов が挿入されるので注意）

まったく違う形　　челове́к（人）→ лю́ди　　ребёнок（子供）→ де́ти

7 疑問詞 где とその答え

疑問詞 где は、「どこに、どこで」という**場所や場**を尋ねる疑問詞です。「どこへ」と方向を尋ねることはできません。この課では、где に答える語として、**助詞 вот** と副詞 **здесь・там** を覚えてください。基本例文にあるように вот は、目の前のものを示すのに使い、**示すものの直前に置きます**。здесь・там は 1 語で述語になります。名詞の性と数に気をつけて下の例文を見ましょう。

Где киоск? － Вот он.	キオスクはどこですか。	ほら、それです。
Где касса? － Она здесь.	レジはどこですか。	ここです。
Где банк? － Он там.	銀行はどこですか。	あそこです。
Где карты*¹? － Вот они.	地図はどこですか。	はい、これです。
Где картины*²? － Они здесь.	絵画はどこですか。	絵画はここです。
Где портфели? － Они там.	かばんはどこですか。	あちらです。

*¹ 単数形は карта　　*² 単数形は картина

8 つねに複数形で使う名詞

英語の glasses（メガネ）のように、つねに複数形で使う単語があります。

очки（眼鏡）　брюки（ズボン）　ножницы（はさみ）　деньги（お金）
часы（時計）　фрукты（果物）　овощи（野菜）

Где ножницы? － Вот они.　　はさみはどこかしら。　ほら、これよ。

練習問題・УПРАЖНЕНИЕ

1、次の単語が男性名詞ならば **он**、女性名詞ならば **она́**、中性名詞ならば **оно́** と代名詞で表しましょう。

① биле́т（切符）_____　② бу́ква（文字）_____

③ магази́н（店）_____　④ ле́то（夏）_____

⑤ лес（森）_____　⑥ тетра́дь（ノート）_____

⑦ трамва́й（路面電車）_____　⑧ то́чка（点）_____

⑨ мо́ре（海）_____　⑩ вре́мя（時間）_____

2、例にならって、適切な代名詞と **здесь** を使って質問に答えましょう。
　　例　Где вход？ － Он здесь.（入り口はどこですか。ここです）

① Где остано́вка？　_____
　（停留所はどこですか。ここです）

② Где вокза́л？　_____
　（始発駅はどこですか。ここです）

③ Где вы́ход？　_____
　（出口はどこですか。ここです）

④ Где кафе́？　_____
　（カフェはどこですか。ここです）

⑤ Где ста́нция？　_____

（駅はどこですか。ここです）

3、次の単語の複数形を書きましょう。

① ко́мната _____ ② вокза́л _____

③ биле́т _____ ④ экза́мен _____

⑤ карти́на _____ ⑥ статья́ _____

⑦ тетра́дь _____ ⑧ письмо́ _____

4、次の単語の特別の形になる複数形を書きましょう。

① брат _____

② друг _____

③ дом _____

5、例にならって、名詞を複数にして「…はどこですか。あそこです」という文章を作りましょう。

　例　авто́бус：Где авто́бусы？ － Они́ там. バスはどこですか。あそこです。

① портфе́ль： _____

② статья́： _____

③ дверь： _____

④ геро́й : _____

⑤ стака́н : _____

【第7課の解答】

1、① он ② она́ ③ он ④ оно́ ⑤ он ⑥ она́ ⑦ он ⑧ она́ ⑨ оно́ ⑩ оно́

2、① Она́ здесь. ② Он здесь. ③ Он здесь. ④ Оно́ здесь. ⑤ Она́ здесь.

3、① ко́мнаты ② вокза́лы ③ биле́ты ④ экза́мены ⑤ карти́ны ⑥ статьи́ ⑦ тетра́ди ⑧ пи́сьма

4、① бра́тья ② друзья́ ③ дома́

5、① Где портфе́ли? － Они́ там. ② Где статьи́? － Они́ там. ③ Где две́ри? － Они́ там. ④ Где геро́и? － Они́ там. ⑤ Где стака́ны? － Они́ там.

第8課 所有代名詞・指示代名詞と形容詞

> **この課の基本例文**
>
> ① Э́то мой оте́ц Пётр. А моя́ мать А́лла Ива́новна.
>
> これは私の父のピョートルです。そして、母のアーラ・イヴァーナヴナです。
>
> Где ва́ши роди́тели?
>
> あなたのご両親はどちらにおいでですか。
>
> ② Вот твой люби́мый журна́л. Э́то после́дний но́мер.
>
> ほら、きみのお気に入りの雑誌だよ。最新号さ。
>
> ③ － Како́й челове́к её но́вый муж?
>
> 彼女の新しいご亭主はどんな人なの?
>
> － Он молодо́й и о́чень симпати́чный.
>
> 若くて、とても感じがいいわ。

語句 □мой 私の □оте́ц 父親 □моя́ < мой 私の □А́лла Ива́новна アーラ・イヴァーナヴナ（自分の母親でも名前＋父称を言う） □ва́ши < ваш あなたの、あなたがたの、きみたちの □твой きみの □люби́мый 好きな □после́дний 最新の、最後の □но́мер 号 □како́й どのような □но́вый 新しい □молодо́й 若い □симпати́чный 感じのよい

文法と用例　覚えておきたいこと

　1人称・2人称の所有代名詞、指示代名詞、および形容詞を勉強しましょう。これらには、**関係する名詞の性・数によって男性形、女性形、中性形、複数形の4つの形**があります。辞書は男性形で引きます。また、この課以降、男性形を代表する形として解説します。

1　1人称と2人称の所有代名詞

1つの意味で4つの形ということをしっかり理解しましょう。　　CD 29

意味（対応する人称代名詞）	（男性形）	（女性形）	（中性形）	（複数形）
私の（я）	мой	моя́	моё	мои́
きみの（ты）	твой	твоя́	твоё	твои́
私たちの（мы）	наш	на́ша	на́ше	на́ши
あなたがたの*（вы）	ваш	ва́ша	ва́ше	ва́ши

＊вы の所有代名詞なので、「あなたの、きみたちの」の意味もあります。

● 4つ覚えようとすると大変です。мой と твой、そして наш と ваш の語尾が同じところに注目しましょう。

2　1人称と2人称の所有代名詞の用法

下の例で関係する名詞の性・数に合わせて形を使い分けることを確認しましょう。

мой	оте́ц	私の父親	моя́	мать	私の母親
моё	и́мя	私の名前	мои́	роди́тели	私の両親

наш	университе́т	私たちの大学	на́ша	шко́ла	私たちの学校
на́ше	зна́мя	私たちの旗	на́ши	ко́мнаты	私たちの部屋

下の文のように名詞を繰り返さず、省略することもできます。

　　Э́то твоя́ су́мка? – Да, моя́.
　　これはきみのバッグかい。　うん、ぼくのだよ。

Ваш автóбус? – Нет, не наш.
あなたがたの（乗る）バスですか。いいえ、私たちの（乗る）バスではありません。

3 3人称の所有代名詞　　　　　　　　　　　　　　CD 30

3人称の所有代名詞の形は1つだけです。

> егó ［イヴォー］（彼の）　　её（彼女の）　　их（彼らの）

例　егó отéц（彼の父親）　егó мать（彼の母親）　егó и́мя（彼の名前）
егó роди́тели（彼の両親）　её、их も同様に用います。

4 指示代名詞「この」 э́тот、э́та、э́то、э́ти

「この」には1人称・2人称の所有代名詞と同様、上記の4つの形があります。

э́тот платóк　　このスカーフ　　　э́та руба́шка　　　このワイシャツ
э́то пальтó　　　このコート　　　　э́ти ту́фли（複）　この靴

● 主語になる э́то（これは）と中性形の「この」 э́то は綴りも音も同じです。混同しないように。

Э́то пальтó.　　　　　　　　　これは、コートです。
Э́то пальтó моё.　　　　　　　このコートは私のです。

5 形容詞の主要な変化型　　　　　　　　　　　　CD 31

形容詞も1語で4つの形を使い分けます。主要な変化の仕方は3つあります。男性形語尾が -ый、-óй、-ий のいずれかです。нóвый（新しい）、молодóй（若い）、си́ний（青い）を例にした3種の変化型を見ましょう。

	（男性形）	（女性形）	（中性形）	（複数形）
硬変化 I	нóвый	нóвая	нóвое	нóвые
硬変化 II	молодóй	молодáя	молодóе	молоды́е
軟変化	си́ний	си́няя	си́нее	си́ние

- 硬変化Ⅱ型は全部の形で語尾にアクセントがあるのが大きな特徴です。
- 変化語尾に硬母音が使われている型を硬変化、軟母音が使われている型を軟変化といいます。わかりにくければ、но́вый 型、молодо́й 型、си́ний 型と覚えてもかまいません。もっとも語数が多いのは、но́вый 型です。まず、この型をしっかり頭に入れましょう。

基本例文②にあるように名詞を修飾したり、述語になったりします。

Вот краси́вый сад!　　ほら、きれいな庭だね。
Ва́ша маши́на но́вая? － Нет, она́ ста́рая.
あなたの車は新しいの？　　いや、古いですよ。

6 形容詞主要型以外の変化

形容詞には、主要型以外に次のような型があります。

	（男性形）	（女性形）	（中性形）	（複数形）
（ロシアの）	ру́сский	ру́сская	ру́сское	ру́сские
（大きい）	большо́й	больша́я	большо́е	больши́е
（新鮮な）	све́жий	све́жая	све́жее	све́жие

- よく使う形容詞をそのまま覚えてもいいでしょう。綴り字の規則によって、以下のように説明づけられます。

上の3つの型は主要型の変形と考えます。変化語尾のすぐ前が、綴り字の規則にかかわる7つの子音（г、к、х、ж、ч、ш、щ）の1つです。

(1) まず、男性形が -о́й の形容詞はすべて молодо́й 型です。この変化型では規則によって書けない母音は ы だけなので、複数形だけ -и́е です。

(2) 男性形が -ий でもその前の文字が г、к、х であれば、но́вый 型です。男性形と複数形変化の ы が и になっています。

(3) 男性形が -ий でその前が ж、ч、ш、щ なら си́ний 型です。この変化では女性形 -яя の я が書けないので、-ая です。

7 疑問詞「どのような」какóй? какáя? какóе? какúе?

「どのような」と尋ねる疑問詞も、尋ねる名詞の性・数によって、上記の4つの形で使い分けます。

Какóй человéк её муж?　彼女のご亭主はどんな人なの？

この文では、человéк が男性名詞なので、какóй という形です。это や он などの代名詞は Какóй のすぐあとに置きます。関係する名詞と離れるので注意しましょう。

- Какóй это язы́к*? - Это рýсский язы́к.　　*言語
  これは何語ですか。　　ロシア語ですよ。

8 形容詞を使った慣用表現　　CD 32

Дóброе ýтро!	おはよう！
Дóбрый день!	こんにちは！
Дóбрый вéчер!	こんばんは！

第4課で出てきました。нóвый 型の形容詞 дóбрый を用いた「よい朝」「よい日」「よい夕（夜）」という表現ですね。つぎに какáя を用いた表現を見ましょう。

Какáя сегóдня* погóда?　- Сегóдня хорóшая погóда.
今日はどんな天気ですか。　　今日はよい天気です。
　　　　　　　　　　　　- Сегóдня плохáя погóда.
　　　　　　　　　　　　今日は悪い天気です。

*сегóдня（今日）の го の読み方は егó（彼の）と同じで［ヴォー］と読みます。сегóдня は名詞ではなく、時を表す副詞です。ふつう、疑問詞と尋ねる名詞の間に置きます。

● 形容詞は覚えるのがむずかしいと思う人は、このような慣用表現をひとまず暗記してしまうのもいいですね。

練習問題・УПРАЖНЕНИЕ

1. つぎの親族名詞（本課の最後参照）に所有代名詞「私の」をつけましょう。

① _____ па́па　　② _____ мать

③ _____ брат　　④ _____ сестра́

⑤ _____ роди́тели　　⑥ _____ муж

⑦ _____ жена́　　⑧ _____ сын

⑨ _____ дочь　　⑩ _____ ба́бушка

2、つぎの単語に「あなたの、あなたがたの、きみたちの」をつけましょう。

① _____ фи́рма（会社）　　② _____ университе́т

③ _____ общежи́тие（寮）　　④ _____ поликли́ника（診療所）

3、つぎの単語に「この」をつけましょう。

① _____ ю́бка　　② _____ брю́ки

③ _____ пальто́　　④ _____ плато́к

4、つぎの形容詞男性形を、名詞の性・数に合った形で書きましょう。

① но́вый _____ план　（新しい計画）

② све́тлый _____ кабине́т （明るい書斎）

③ ста́рый _____ кни́га （古い本）

④ тяжёлый _____ жизнь （つらい人生）

⑤ краси́вый _____ о́зеро （美しい湖）

⑥ си́ний _____ мо́ре （青い海）

⑦ тру́дный _____ вопро́сы （むずかしい質問）

⑧ ма́ленький _____ ма́льчик （小さな男の子）

⑨ голубо́й _____ не́бо （水色の空）

⑩ большо́й _____ су́мка （大きなバッグ）

5、例にならって、かっこ内の形容詞をふさわしい形にして質問に答えましょう。

例　Како́й челове́к его́ сестра́?（симпати́чный）－ Она́ симпати́чная.
　　（彼のお姉さんはどんな人ですか）　　　　　　（彼女はいい人です）
　　Како́й э́то язы́к?（япо́нский）－ Э́то япо́нский язы́к.
　　（これは何語ですか。）　　　　　　（日本語です）

① Како́й челове́к ваш муж?（до́брый）

_____

② Како́й челове́к их сын?（весёлый　ほがらかな）

_____

③ Кака́я э́то ко́мната?（большо́й）

_____

④ Како́й э́то журна́л?（ру́сский）

_____

⑤ Каки́е э́то часы́?（но́вый）

_____

6、つぎの文をロシア語にしましょう。

①おはよう、今日はどんな天気かしら。

_____

②今日はいい天気よ。

_____

【第8課の解答】

1、① мой ② моя́ ③ мой ④ моя́ ⑤ мой ⑥ мой ⑦ моя́ ⑧ мой ⑨ моя́ ⑩ моя́

2、① ва́ша ② ваш ③ ва́ше ④ ва́ша

3、① э́та ② э́ти ③ э́то ④ э́тот

4、① но́вый ② све́тлый ③ ста́рая ④ тяжёлая ⑤ краси́вое ⑥ си́нее ⑦ тру́дные ⑧ ма́ленький ⑨ голубо́е ⑩ больша́я

5、① Он до́брый. ② Он весёлый. ③ Она́ больша́я. ④ Он ру́сский. ⑤ Они́ но́вые.

6、① До́брое у́тро! Кака́я сего́дня пого́да? ② Сего́дня хоро́шая пого́да.

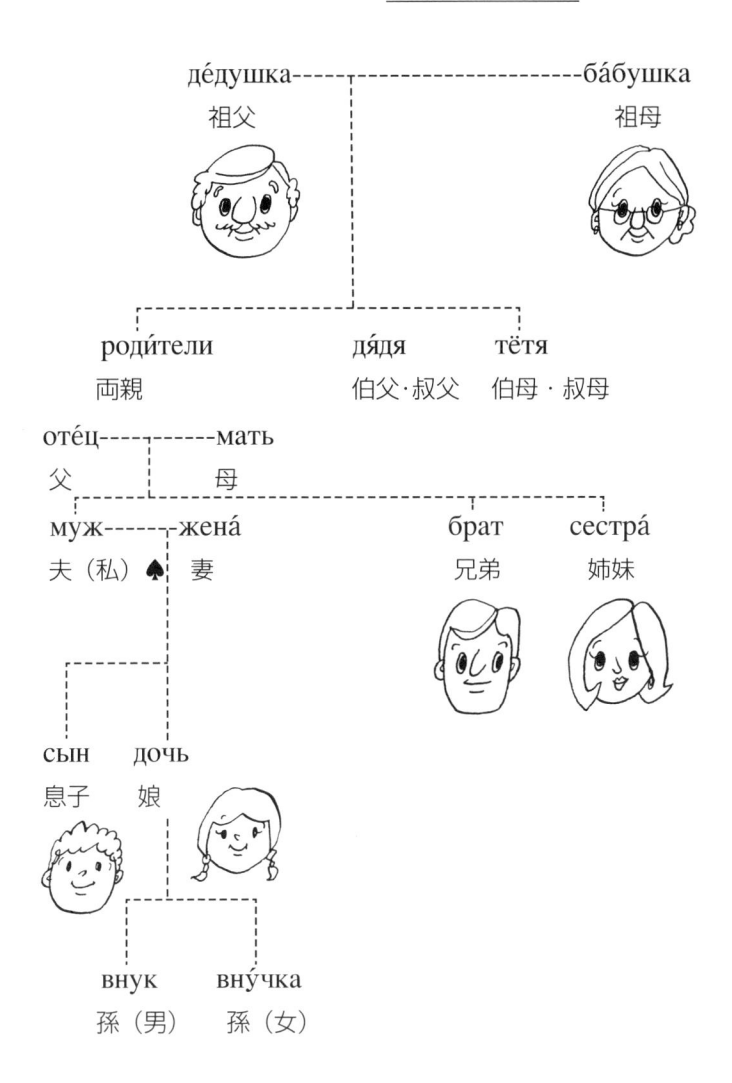

親族を表す名詞

```
            де́душка----------------ба́бушка
              祖父                    祖母

       ┌───────┼──────┐
    роди́тели      дя́дя    тётя
     両親         伯父・叔父 伯母・叔母

оте́ц------ма́ть
 父       母
муж------жена́           брат    сестра́
夫（私）♠  妻             兄弟     姉妹

   ┌───┴───┐
  сын    дочь
  息子    娘

  внук    вну́чка
  孫（男）  孫（女）
```

- ♠（私）を基準にした家族、親族を表す名詞です。
- 「夫婦」は、夫と妻の間に接続詞 и（と）を入れて、муж и жена́ です。
- 兄弟、姉妹を区別したいときは、つぎのように言います。

　　兄： ста́рший брат　　　弟： мла́дший брат
　　姉： ста́ршая сестра́　　妹： мла́дшая сестра́

第9課 動詞の現在変化　　CD 34

この課の基本例文

① － Что вы де́лаете?　　　　　　　あなたは何をしているのですか。

　－ Я чита́ю.　　　　　　　　　　　読書しています。

　－ Ва́ша жена́ то́же чита́ет?　　　奥さんも読書しているの?

　－ Нет, она́ не чита́ет. Она́ смо́трит телеви́зор.

　　　　　　　　　　　　　　　　　　いや、本を読んではいない。

　　　　　　　　　　　　　　　　　　彼女はテレビを見ています。

② － Вы говори́те по-ру́сски?　　　ロシア語が話せますか。

　－ Да, я хорошо́ говорю́ по-ру́сски.

　　　　　　　　　　　　　　　　　　ええ、結構、話しますよ。

　－ Молоде́ц!　　　　　　　　　　　それはすごいですね。

(語句) □де́лаете < де́лать [1] する、行う　□чита́ю < чита́ть [1]　読む、読書する　□де́лает < де́лать する、行う　□смо́трит < смотре́ть [2] 見る　□телеви́зор テレビ　□говори́те < говори́ть [2] 話す　□по-ру́сски　ロシア語で　□говорю́ < говори́ть 話す　□молоде́ц すごい、えらい（相手が１人の場合の形）

[1][2] は変化の型です。本書では、初出動詞の変化型をこのように示します。

文法と用例　覚えておきたいこと

動詞の現在変化を学びます。**人称と数で変化します**。性・数の変化は理解できたと思いますが、また、別の変化です。第 6 課 ❸ の人称代名詞表を復習しましょう。

❶ 動詞現在時制の規則変化

動詞の規則変化には **2 つの基本の型** があります。ふつう 1 式変化、2 式変化という言い方で区別します。**1 人称・2 人称・3 人称の単数・複数で変化形は 6 つです**（3 人称単数の он、онá、онó は共通）。辞書の見出し語は不定形といわれます。動詞の不定形のほとんどは -ть で終わり、-чь、-ти 語尾のものがすこしあります。規則変化動詞はすべて **-ть** 語尾です。

❷ 1 式変化（e 変化）　　　　　　　　　　　　　　　CD 35

дéлать（する）と читáть（読む）を例にした 1 式変化を見ましょう。

	（変化語尾）	（語幹）｜（語尾） дéла｜ть	（語幹）｜（語尾） читá｜ть
я	-ю	дéлаю	читáю
ты	-ешь	дéлаешь	читáешь
он*	-ет	дéлает	читáет
мы	-ем	дéлаем	читáем
вы	-ете	дéлаете	читáете
онú	-ют	дéлают	читáют

＊表では便宜上、3 人称単数は он のみの表記とします。

1 式変化では、不定形から -ть をとったものが語幹です。そのあとに主語に合わせた変化語尾をつけます。e が多く使われているので、**e 変化** ともいいます。1 式変化動詞は、すべてこのように機械的に変化します。基本例文①を見ましょう。

Что вы дéлаете? － Я читáю.
あなたは何をしているのですか。私は読書しています。

Ва́ша жена́ то́же чита́ет ?
あなたの奥さんも読書しているのですか。

　主語と変化形の関係がわかりますね。ва́ша　жена́ は она́ に置き換えられるので 3 人称単数の変化形です。
● 覚えるときは 1 つ好きな動詞を選び、**人称代名詞をつけて**唱えましょう。

3 2式変化 (и 変化)　　　　　　　　　　　　　　CD 36

　говори́ть（話す）、смотре́ть（見る）を例にした 2 式変化を見ましょう。

	（変化語尾）	（語幹） ¦ （語尾） говор ¦ и́ть	（語幹） ¦ （語尾） смотр ¦ е́ть
я	-ю	говорю́	смотрю́
ты	-ишь	говори́шь	смо́тришь
он	-ит	говори́т	смо́трит
мы	-им	говори́м	смо́трим
вы	-ите	говори́те	смо́трите
они́	-ят	говоря́т	смо́трят

　2 式変化の語幹は 1 式とは異なります。不定形から **-ть** 前の母音までとったも**のが語幹です**。これに -ю、-ишь、-ит、-им、-ите、-ят の語尾をつけます。и が多く使われているので、**и 変化**ともいいます。
　むずかしいのは変化形と不定形の関係です。変化形から不定形は作れません。**不定形をしっかり覚えましょう。**

　（変化形）говори́шь　←　（不定形）говори́ть
　（変化形）смо́тришь　←　（不定形）смотре́ть

　アクセントが移動する動詞が多いことにも注意です。表の смотре́ть を見てください。я の変化だけ不定形と同じところで、あとは全部同じ場所に移動していますね。アクセントが移動する動詞は、どれもこのように変わります。

4 2式変化で語幹末が г、к、х、ж、ч、ш、щ の場合

2式変化の1人称単数と3人称複数の変化語尾は -ю、-ят です。語幹末が г、к、х、ж、ч、ш、щ のいずれかのとき、綴り字の規則で ю も я も書けないので、1人称単数は -у、3人称複数は -ат となります。

例 уч¦и́ть　　я учу́　　ты у́чишь　　он у́чит
（学ぶ、覚える）　мы у́чим　　вы у́чите　　они́ у́чат

5 変化型はそのつど、覚えよう

不定形からは**変化の型を判断できません**。辞書にはふつう、2式変化の場合、2人称単数（ты）の変化まで出ています。何も書いてなければ1式変化です。

6 主語の省略・主語の位置

主語によって動詞の形が変わるので、**主語が何かは動詞を見れば明らかです**。会話では、主語がよく省略されます。

Что ты де́лаешь?　— Отдыха́ю*.　*<отдыха́ть [1] 休む
きみは何をしているの？　（ぼくは）のんびりしているのさ。

● なお、ロシア語では語順が厳密ではありません。**動詞＋主語**の語順もあります。ただし、代名詞はふつう前に出ます。

7 「何々語を読む、書く、話す」の表現

「…語」は、ру́сский язы́к のように「形容詞＋名詞」で表します。しかし、「読む、書く、話す」というときは、「…語で」という決まった副詞を用います。

形容詞＋名詞	副詞（「…語で」）	
ロシア語　ру́сский язы́к	чита́ть	по-ру́сски（ロシア語で）
日本語　япо́нский язы́к	писа́ть	по-япо́нски（日本語で）
英語　англи́йский язы́к	говори́ть	по-англи́йски（英語で）

— Ты говори́шь по-япо́нски? きみは日本語を話せますか。
— Да, говорю́. ええ、話すわ。
— А ты чита́ешь и пи́шешь по-япо́нски? 読み書きもできる？
— Нет, чита́ю и пишу́ то́лько по-ру́сски.
いいえ、読み書きできるのは、ロシア語だけよ。

8 писа́ть（書く）の変化　　CD 37

я пишу́	ты пи́шешь	он пи́шет
мы пи́шем	вы пи́шете	они́ пи́шут

アクセントに注意

● 1式変化の変形型です。後ろ3文字がとれ、с が ш に交替しています。я と они́ の変化には綴り字の規則が適用されています。

＜語彙をふやしましょう＞　基本の動詞

辞書で変化型を確かめるのは大変です。基本的な動詞は頑張って覚えましょう。

[1 式変化]		
де́лать（する）	ду́мать（思う）	гуля́ть（散歩する）
за́втракать（朝食をとる）	знать（知る）	игра́ть（遊ぶ、弾く）
изуча́ть（～を学ぶ）	конча́ть（終える）	начина́ть（始める）
повторя́ть（繰り返す）	понима́ть（理解する）	покупа́ть（買う）
обе́дать（昼食をとる）	отвеча́ть（答える）	отдыха́ть（休む）
слу́шать（聞く）	спра́шивать（尋ねる）	чита́ть（読む、読書する）
рабо́тать（働く）	у́жинать（夕食をとる）	получа́ть（受け取る）
[2 式変化]		*はアクセントが移動する動詞
говори́ть（話す）	стро́ить（建設する）	учи́ть*（覚える）
кури́ть*（喫煙する）	дари́ть*（贈る）	звони́ть（電話する、鳴る）
смотре́ть*（見る）	лежа́ть（横になっている）	стоя́ть（立っている）

練習問題・УПРАЖНЕНИЕ

1、つぎの文の空欄に、１式変化動詞の変化形に合う人称代名詞を入れましょう。
　３人称単数は он、oná いずれでも、かまいません。

① _____ гуля́ет.　　② Где _____ гуля́ют?

③ У́тром _____ гуля́ю.　　④ _____ гуля́ете?

⑤ _____ не гуля́ем.　　⑥ _____ гуля́ешь?

2、つぎの文の空欄に２式動詞の変化形に合う人称代名詞を入れましょう。

① _____ говорю́ по-япо́нски.

② _____ говори́шь по-ру́сски?

③ _____ говори́м по-англи́йски.

④ _____ говоря́т по-англи́йски.

⑤ _____ говори́т по-япо́нски.

⑥ _____ говори́те по-ру́сски?

3、人称をつけて писа́ть の変化を書きましょう。

4、例にならって、質問に代名詞を使って答えましょう（**ты** の問いには **я** で、**вы** の問いには **мы** で答えてください）。

例　Что ты делаешь? (завтракать)　　　－ Я завтракаю.
　　きみは何をしているの。　　　　　　朝ごはんを食べているところよ。

① Что делает ваш муж? (обедать)

② Что вы делаете? (ужинать)

③ Что делают ваши родители? (работать)

④ Что ты делаешь? (изучать русский язык)

⑤ Что делает Алексей? (читать текст)

⑥ Что делают твой друзья? (курить)

⑦ Что ты делаешь? (смотреть телевизор)

⑧ Что делают Нина и Оля? (отдыхать)

5、つぎの文をロシア語にしましょう。

①きみは何をしているの。

②ぼくはテレビを見ているよ。

③私の両親は散歩をしています。

【第9課の解答】

1、① Он/Она́ ② они́ ③ я ④ Вы ⑤ Мы ⑥ Ты

2、① Я ② Ты ③ Мы ④ Они́ ⑤ Он/Она́ ⑥ Вы

3、я пишу́、ты пи́шешь、он пи́шет、мы пи́шем、вы пи́шете、они́ пи́шут

4、① Он обе́дает. ② Мы у́жинаем. ③ Они́ рабо́тают.
④ Я изуча́ю ру́сский язы́к. ⑤ Он чита́ет текст. ⑥ Они́ ку́рят.
⑦ Я смотрю́ телеви́зор. ⑧ Они́ отдыха́ют.

5、① Что ты де́лаешь? ② Я смотрю́ телеви́зор. ③ Мои́ роди́тели гуля́ют.

第10課 格

この課では、格について知っていただきたいと思います。英語や仏語にはなく、ロシア語の特徴をなすもので、わかりづらいかもしれません。ゆっくり読んで、だいたいの意味をつかんでください。詳しい説明は、次の課以降でします。
● 基本例文、練習問題はありません。文法の話ばかりでは、という人は、あとから読んでもかまいません。

1 6つの格

ロシア語の名詞・代名詞・形容詞などは、主語や目的語といった文中での使われ方によって形を変えます。これを格変化といいます。**主格・生格・与格・対格・造格・前置格**の**6**つがあります。変化表ではふつう、この順番で並べます。

2 格の基本的な意味

主格（1）	主語、補語になる。「…は」「…である」
生格（2）	所属・由来を表す。「…の」
与格（3）	間接目的語を表す。「…に」
対格（4）	直接目的語を表す。「…を」
造格（5）	手段・道具を表す。「…によって」
前置格（6）	前置格を要求する前置詞とともに。「…（場所）で」「…について」他。

● 数字を使って、第1格、第2格、…ということもあります。

3 例文で見るおもな格の用法

主格	Гла́вный* инжене́р рабо́тает.	主任技師は仕事をしています
	Оле́г − гла́вный инжене́р.	アレクは主任技師です。
生格	Э́то стол гла́вного инжене́ра.	これは<u>主任技師の</u>机です。

85

与格　Ни́на звони́т **гла́вному инжене́ру**.
　　　ニーナは主任技師に電話しています。

対格　Мы хорошо́ зна́ем **гла́вного инжене́ра**.
　　　私たちは主任技師をよく知っています。

造格　Оле́г рабо́тает **гла́вным инжене́ром**.
　　　アレクは主任技師として働いています。

前置格　Мы говори́м о **гла́вном инжене́ре**.
　　　私たちは主任技師について話しています。

*гла́вный 重要な

● 格には上記以外の意味もあります。また、特定の動詞や前置詞の要求で格変化することもあります。

4 кто・что の格変化

主格	кто	что
生格	кого́	чего́
与格	кому́	чему́
対格	кого́	что
造格	кем	чем
前置格	ком	чём

　кто・что は疑問詞であると同時に кто は人、что はものを表します。辞書などでは、動詞や前置詞の格支配が кто・что の格変化で示されることもあります。
たとえば、
　занима́ться：＜ чем ＞…をする　とあれば、動詞 занима́ться のあとに、ものの造格がきて、「…する」という意味になります。

　занима́ться спо́ртом　　スポーツをする
　　　　　　　　　↑
　　　　　спорт の造格

第11課 前置格

CD 39

> この課の基本例文

① － Ко́ля, где моя́ ша́пка? コーリャ、私の帽子はどこ？

－ На дива́не. ソファーの上だよ。

－ А моя́ су́мка? バッグはどこかしら。

－ На столе́. 机の上。

－ А мой биле́т? チケットがないわ。

－ Я ду́маю, что он в су́мке. バッグのなかだと思うがね。

② － Где вы тепе́рь живёте? あなたはいま、どこに住んでいるの。

－ Я живу́ в Петербу́рге. ペテルブルグに住んでいます。

－ А где? ペテルブルグのどこですか。

－ На Моско́вском проспе́кте. モスクワ大通りです。

(語句) □ ша́пка 帽子 □ на ～の上に □ дива́не < дива́н ソファー □ столе́ < стол 机 □ су́мке < су́мка バッグ □ живёте < жить 住む、生きる □ живу́ < жить 住む、生きる □ в …で、に（場所） □ Петербу́рге < Петербу́рг ペテルブルク □ на … で、に（場所） □ Моско́вском проспе́кте < Моско́вский проспе́кт モスクワ大通り

文法と用例　覚えておきたいこと

前置格から勉強しましょう。格変化が簡単で、格の意味もわかりやすいと思います。規則変化型とは異なる動詞も勉強しましょう。

1 前置格

前置格は単独では用いられず、前置格を要求する**前置詞とともに使われます**。以下のような前置詞があります。

в：…のなかで、…で（場、場所）　　на：…の上で、…で（場、場所）
о：…について　　　　　　　　　　при：…に際して

● 前置詞のあとが必ず前置格というわけではないので、注意しましょう。

2 名詞の前置格の形

	主格	前置格	語尾の形	
男性	уро́к（課、授業）	уро́ке		＋ -е
	музе́й（美術館）	музе́е	-й	
	портфе́ль（かばん）	портфе́ле	-ь	
女性	ко́мната（部屋）	ко́мнате	-а	→ -е
	неде́ля（週）	неде́ле	-я	
中性	письмо́（手紙）	письме́	-о	
	мо́ре（海）	мо́ре		-е
女性	пло́щадь（広場）	пло́щади	ь	→ -и

ほとんどの語が **-е** 語尾です。

● ただし、-ия、-ие 語尾は -ии となります。
　Росси́я（ロシア）→ Росси́и　Япо́ния（日本）→ Япо́нии　общежи́тие（寮）
　→ общежи́тии

● -мя 語尾の中性名詞の変化は、巻末の付表を見てください。
　複数前置格は、ほとんどが -ах、-ях 語尾 です。付表で確認しましょう。

3 в＋前置格は「…のなかで」、на＋前置格は「…の上で」（基本例文①）

в と на は本来、「なかで」「上（表面）*¹ で」を表します。

в столé*²　机のなかで　　　на столé　机の上で
в сýмке　バッグのなかで　　на дивáне　ソファーの上で

*¹ 上に浮かんだ状態ではなく、ついた状態です。
*² アクセントが移動します。

4 場、場所を表す「в/на＋前置格」（基本例文②）

в と на は、上記の意味のほかに単に「…で」という場所を表します。「工場で」のような場所にも、「授業で」のような場にも用います。

Я живý ｛ в Петербýрге.
　　　　｛ на Москóвском проспéкте.

私は ｛ ペテルブルクで ｝ 暮らしています。
　　｛ モスクワ大通りで ｝

Мой брат рабóтает ｛ в магазúне.　　兄は ｛ 店で　｝ 働いています。
　　　　　　　　　｛ на завóде.　　　　　｛ 工場で ｝

На урóке студéнты внимáтельно слýшают.
　　　　　　　　　　授業中、学生たちは注意して聞いています。

в、на どちらを使うかは、後ろの名詞によって慣用的に決まります。
● Москóвском は固有名詞の一部で、Москóвский проспéкт「形容詞（モスクワの）＋名詞（大通り）」が主格です。Москóвском は形容詞の前置格です（巻末の付表参照）。変化させるのはむずかしいので、何格かわかるようになりましょう。

5 что の前置格 чём、кто の前置格 ком

чём、ком も、必ず前置格要求の前置詞とともに用います。

| О чём вы говорите? | 何について話しているのですか。 |
| О ком ты думаешь? | 誰のことを考えているの？ |

6 жить（住む、生きる）の変化 CD 40

я живу́	мы живём
ты живёшь	вы живёте
он живёт	они живу́т

現在変化語幹に в が入ることに注意しましょう。

CD 41

＜語彙をふやしましょう＞ 場所、場を表す名詞	
в を使う名詞	на を使う名詞
университе́т（大学）、шко́ла（学校）、институ́т（単科大学）、библиоте́ка（図書館）、музе́й（美術館）、магази́н（店）、парк（公園）、зоопа́рк（動物園）、теа́тр（劇場）、Москва́（モスクワ）、（などの都市名 *1）фи́рма（会社）、рестора́н（レストラン）、лес*2（森）、сад*2（庭、公園）、Япо́ния（日本）、（などの国名）	вы́ставка（展示場）、по́чта（郵便局）、конце́рт（劇、音楽会）、рабо́та（職場）、заво́д（工場）、стадио́н（競技場）、у́лица（通り）、уро́к（課、授業）、факульте́т（学部）、Ура́л（ウラル）、（などの地方）вокза́л（始発、終着駅）、ста́нция（駅）

*1 ただし、外国の都市名には変化しないものがあります。Токио、Киото、Гонолулу（ホノルル）など。

*2 лес、сад が в のあとにきたときの前置格は特別に лесу́、саду́ となります。

● アクセントが移動しますので、в лесу́ ［ヴリスゥー］、в саду́ ［フサドゥー］と口調で覚えてしまいましょう。в саду́ のように後ろが無声音の場合 в は ［フ］になることも思い出してください。

練習問題・УПРАЖНЕНИЕ

1、空欄に **жить** の変化を入れましょう。

Я _____ в А́нглии*¹.

Ты _____ в Ита́лии*².

Лин _____ в Кита́е.

О́ля и Ко́ля _____ в Росси́и.

А где вы _____ ?

Мы _____ в Япо́нии.

*¹ ＜ А́нглия　イギリス　　*² ＜ Ита́лия　イタリア

2、1でできた文章を訳しましょう。

3、下線部の名詞を前置格にしましょう。

Это моя́ ко́мната. В ко́мната (　　　　　　) стол, стул, дива́н и шкаф*¹. На стол (　　　　　　) ва́за.
В ва́за (　　　　　　) цветы́.*² *¹ 棚 *² (複) < цвето́к 花

4、例のように、かっこ内の語を前置格にし、в か на をつけて答えましょう。
　вы の問いには мы で、ты には я で答えてください。
　例　Где вы живёте?（Петербу́рг）－ Мы живём в Петербу́рге.

① Где вы живёте?（Москва́）

② Где она́ живёт?（Пари́ж*）　　　＊パリ

③ Где он рабо́тает?（заво́д）

④ Где рабо́тают Макси́м и Ю́рий?（фи́рма）

⑤ Где ты рабо́таешь?（магази́н）

⑥ Где вы обе́даете?（рестора́н）

⑦ Где они́ отдыха́ют?（сад）

【第11課の解答】

1、живу́、живёшь、живёт、живу́т、живёте、живём

2、私はイギリスに住んでいます。きみはイタリアに住んでいます。リンは中国に住んでいます。　オーリャとコーリャはロシアに住んでいます。ところで、あなたがたはどこに住んでいるのですか。私たちは日本に住んでいます。

3、ко́мнате、столе́、ва́зе
(意味) これは私の部屋です。部屋のなかには、机、椅子、ソファー、そして棚があります。机の上には花瓶があります。花瓶には花が生けてあります。

4、①Мы живём в Москве́. ②Она́ живёт в Пари́же. ③Он рабо́тает на заво́де. ④Они́ рабо́тают в фи́рме. ⑤Я рабо́таю в магази́не. ⑥Мы обе́даем в рестора́не. ⑦Они́ отдыха́ют в саду́.

第12課 動詞の過去時制　　CD 42

この課の基本例文

① － Са́ша, что ты де́лал сего́дня у́тром?

　　　　　　　　サーシャ、今日の午前中、きみは何を

　　　　　　　　していたの？

　－ У́тром я занима́лся в университе́те. － А днём?

　　　　　　　　午前中は大学で勉強したよ。午後は？

　－ Днём я обе́дал, а пото́м отдыха́л до́ма.

　　　　　　　　午後は食事をして、それから家でのん

　　　　　　　　びりしたよ。

② － Вчера́ бы́ло воскресе́нье.　昨日は日曜日でしたね。

　　Ве́чером мы бы́ли в Ма́лом теа́тре, смотре́ли но́вый бале́т.

　　　　　　　　夕方、私たちはマールイ劇場に行って、

　　　　　　　　バレエの新作を見ました。

　－ А я ещё там не была́.　そこには、まだ行ったことがないんですよ。

語句　□ де́лал < де́лать する、行う　□ вчера́ 昨日　□ занима́лся < занима́ться [1]　□ днём 午後、昼間に　□ обе́дал < обе́дать 食事する　□ отдыха́л < отдыха́ть 休む　□ пото́м それから　□ до́ма 在宅で　□ бы́ло > быть である　□ воскресе́нье 日曜日　□ ве́чером 夕方、夜に　□ бы́ли > быть である　□ Ма́лом теа́тре < Ма́лый теа́тр マールイ劇場の前置格　□ ещё не まだ〜ない　□ была́ < быть である

文法と解説　覚えておきたいこと

この課では、動詞の過去変化について学びます。人称変化ではなく、**性・数**によって変化するので、**変化形は 4 つです**。変化の仕方も 1 つだけです。

1 ふつうの動詞の過去形　　　　　　　　　　　　　　　　　CD 43

-ть で終わるほとんどの動詞の過去形は、以下のように作ります。

> 不定形から -ть をとって -л（男）、-ла（女）、-ло（中）、-ли（複）をつける。

主語に合わせて、男性形、女性形、中性形、複数形のいずれかを使います。

（不定形）	（男性形）	（女性形）	（中性形）	（複数形）
де́ла|ть（する、行う）：	де́лал	де́лала	де́лало	де́лали
смотре́|ть（見る）：	смотре́л	смотре́ла	смотре́ло	смотре́ли

現在時制での変化型は、過去時制では関係ありません。**つねに、不定形を基本にして作ります**。現在変化では変形型の **писа́ть**（書く）と **жить**（住む）も、過去形は規則通りです。

　　（現在）Они́ пи́шут.　　　　　彼らは（手紙を）書いている。
　　（過去）Они́ писа́ли.　　　　　彼らは（手紙を）書いていた。
　　（現在）Мы живём в То́кио.　　私たちは東京に住んでいる。
　　（過去）Мы жи́ли в То́кио.　　私たちは東京に住んでいた。

2 人称代名詞が主語の場合

я、ты が主語の場合は、実際の性に合わせて**男・女 2 通りに使い分け**、**вы** が主語のときは**つねに複数語尾 -ли** を用います。

Что вы де́лали?　　　　　　　　あなたは何をしましたか。
　－ Я смотре́л бале́т.　　　　　ぼくはバレエを観ました。
　－ Я смотре́ла бале́т.　　　　　私はバレエを観ました。
Мари́, где ты гуля́ла?　　　　　マリ、きみはどこで散歩していたの？

3 -ся 動詞の現在形と過去形　　CD 44

　動詞の不定形 -ть に ся の語尾がついた動詞を -ся 動詞といいます。
-ся 動詞の変化は **-ся をとって規則通りに変化**させ、そこに ся を戻します。ただし、変化が母音で終わる場合、ся ではなく **сь** をつけます。1 式変化の занима́ться と 2 式変化の учи́ться（2）「学ぶ、在学する」を見てください。

＜現在変化＞

занима́¦ться（1）	уч¦и́ться（2）
я занима́**ю**сь	уч**у́сь**
ты занима́ешься	у́чишься
он занима́ется	у́чится
мы занима́емся	у́чимся
вы занима́ете**сь**	у́чите**сь**
они́ занима́ются	у́чатся

＊ться、тся はどちらも［ツァー］と読みます。

＜過去変化＞

занима́¦ться	
（男）занима́лся	
（女）занима́ла**сь**	
（中）занима́ло**сь**	
（複）занима́ли**сь**	
учи́¦ться	
（男）учи́лся	（女）учи́ла**сь**
（中）учи́ло**сь**	（複）учи́ли**сь**

　なお、занима́ться は本来、「一生懸命…する」という意味で、文脈によって「勉強する」と訳します。учи́ться は、「在学中である」という立場を表します。

У́тром я занима́лся в университе́те.
　午前中、ぼくは大学で勉強したよ。

Вот МГУ. Ра́ньше я здесь учи́лся.
　これがモスクワ大学です。以前、ここで学んでいました。（在学していた）

4 be 動詞に当たる動詞 быть、基本例文②　　CD 45

　現在時制では、「です、ます」に当たる語は使いません。しかし、「でした、ありました」というときは、**быть**（である、いる）という動詞の過去形を用います。過去形は普通動詞と同じように作ります。

（不定形）	（男性形）	（女性形）	（中性形）	（複数形）
бы¦ть :	был	была́	бы́ло	бы́ли
	не́ был	не была́	не́ было	не́ были

女性形だけアクセントが違います。また、否定語 не が был、бы́ло、бы́ли とともに用いられるとき、**アクセントは не に移ります**。

5 быть の過去形を使った文

現在時制では単語を並べるだけの文も、過去時制では注意が必要です。

⎧ Где Ни́на?　　　　　　　ニーナはどこですか。
⎨
⎩ Где была́ Ни́на?　　　　　ニーナはどこにいたのですか。

⎧ Сего́дня воскресе́нье.　　今日は日曜日です。
⎨
⎩ ◆ Вчера́ бы́ло воскресе́нье.　昨日は日曜日でした。
　　　　（述語）　（主語）

主語に合わせて **быть** の過去形を入れることで、「…でした」の文になります。
◆主語は中性名詞 воскресе́нье です。従って述語は бы́ло です（вчера́ は時を表す副詞なので文の要素にはなりません）。
また、以下のような文では быть は「ありました」の意味になります。

　Вчера́ бы́ли экза́мены.　　昨日、試験（複）がありました。

6 быть の過去形を使った「行きました」の表現

быть の過去＋ **в/на** ＋場所の前置格は、本来、「…にいました」の意味ですが、以下のような場合「…に**行きました**」と訳すほうが自然です。

－ Где вы бы́ли вчера́?　　　昨日はどこに行ったのですか？
－ Я был в теа́тре. А вы?　 劇場に行きました。あなたがたは？
－ Мы бы́ли в ци́рке.　　　　私たちはサーカスに行ったのよ。

● この表現はとてもよく使われます。「行く」という動詞はこれから学びますが、用法がむずかしいので、**быть** の過去の表現が使えると便利です。

7 「もう、行った」「まだ、行ったことがない」

「もう、行った」は **ужé был（лá/ли）** を用い、「まだ行ったことがない」は **ещё нé был（лá/ли）** を用いて表します。

- Ты **ужé был** в музéе Пýшкина?
  プーシキン美術館にはもう行ったの？
- Нет, **ещё нé был.**
  いや、まだ行っていないよ。

8 дóма について

дóма は副詞・述語副詞で「在宅で、在宅している」という意味です。この意味では в дóме という言い方はしません。基本例文①のように副詞として使う場合と、1語で述語になる場合があります。

  Я отдыхáл **дóма**. ぼくは家でのんびりした。
  Я был **дóма**. ぼくは家にいた。

CD 46

＜語彙をふやしましょう＞時を表す副詞（名詞）

いま тепéрь/сейчáс、以前 рáньше、当時 тогдá/в э́то врéмя
一昨日 позавчерá、昨日 вчерá、今日 сегóдня
明日 зáвтра、明後日 послезáвтра、以前から давнó
長い間 дóлго、最近 недáвно、まもなく скóро

[朝・昼・夜・晩ほか]

朝 ýтро、昼 день、夕・夜 вéчер、夜・深夜 ночь
朝に ýтром、昼に днём、夕・夜に вéчером、夜・深夜に нóчью
早く рáно、遅く пóздно

[季節]

春 веснá、夏 лéто、秋 óсень、冬 зимá
春に веснóй、夏に лéтом、秋に óсенью、冬に зимóй

練習問題・УПРАЖНЕНИЕ

1. かっこ内の動詞不定形を過去形にしましょう。

① － А́нна Петро́вна, что вы （де́лать） _____ ?
  － Я （пи́сать） _____ письмо́.

② Вчера́ мы не （рабо́тать） _____ .

③ Он （говори́ть） _____ по-ру́сски.

④ Мои́ роди́тели （жить） _____ здесь.

⑤ Джон*, вчера́ днём ты （занима́ться） _____ в библиоте́ке?
　　　　　　　　　　　　　　　　　　　　＊（人名）ジョン

2. **занима́ться** [1] と **учи́ться** [2] の現在と過去の変化を書きましょう。

① занима́ться _____

_____

② учи́ться _____

_____

99

3、例にならって、**быть** の過去形を入れて、過去時制の文にしましょう。

　Он там.（彼はあそこにいる）→ Он был там.（彼はあそこにいた）

① Она́ здесь.

② У́тром Ви́ктор до́ма.

③ Где вы ?

④ Мы в кабине́те.

⑤ Сего́дня понеде́льник*（сего́дня を вчера́ にして）

* 月曜日

4. つぎの文をロシア語にしましょう。

①あなたは昨日、何をしていたのですか。

②ぼくは夕方、劇場に行きました。

【第12課の解答】

1、① де́лали、писа́ла ② рабо́тали ③ говори́л ④ жи́ли ⑤ занима́лся

2、①現在形 я занима́юсь、ты занима́ешься、он занима́ется、мы занима́емся、вы занима́етесь、они́ занима́ются

　　過去形 занима́лся、занима́лась、занима́лось、занима́лись

②現在形 я учу́сь、ты у́чишься、он у́чится、мы у́чимся、вы у́читесь、они́ у́чатся

　　過去形 учи́лся、учи́лась、учи́лось、учи́лись

3、① Она́ была́ здесь. ② У́тром Ви́ктор был до́ма. ③ Где вы бы́ли? ④ Мы бы́ли в кабине́те. ⑤ Вчера́ был понеде́льник.

4、① Что вы де́лали вчера́? ② Ве́чером я был в теа́тре.

第13課 対格

CD 47

この課の基本例文

① － Вчера́ я игра́л в футбо́л.　　昨日はサッカーをしました。

　　Я о́чень люблю́ спорт.　　　　ぼくは運動が大好きです。

　　А вы?　　　　　　　　　　　　あなたは？

　－ Нет, я люблю́ му́зыку.　　　　いや、私は音楽が好きです。

　　Я сам игра́ю на гита́ре.　　　私自身、ギターを弾きます。

② （写真を見せて）Э́то мой дру́г Анто́н. Я хорошо́ зна́ю Анто́на

　　и люблю́ его́.

　　　　　　　　　　　　　　　　これは私の友人のアントンです。

　　　　　　　　　　　　　　　　ぼくはアントンをよく知っていま

　　　　　　　　　　　　　　　　すし、彼が好きです。

語句　□ игра́ть в（＋対格）（運動、ゲーム）をする　□ люблю́ ＜ люби́ть 愛する　□ му́зыку ＜ му́зыка 音楽の対格　□ сам …自身（前にくる名詞の性によって　сам、сама́、са́мо、са́ми）　□ игра́ть на（＋前置格）(楽器を) 弾く　□ гита́ре ＜ гита́ра ギター　□ его́ ＜ он 彼はの対格

文法と用例　覚えておきたいこと

対格を勉強します。いままでの文章にすでに出てきています。内容は平易です。
2式動詞の変形型も覚えましょう。

1 2式変化の唇音変化　　　　　　　　　　　　　　　　　　　CD 48

2式変化動詞の語幹が б、п、в、ф、м（第2課の囲みを参照）のいずれかで終わるとき、1人称単数の変化語尾の前に л を入れます。люби́ть（好き、愛する）の例で見てみましょう。

люб ¦ и́ть				я の変化にだけ気をつけてください。
я	люблю́	мы	лю́бим	спать（眠る）、гото́вить（準備する）、
ты	лю́бишь	вы	лю́бите	корми́ть（養う）などがこの型です。過去
он	лю́бит	они	лю́бят	形は規則通り。

2 люби́ть の用法

люби́ть の後ろには、基本例文①のように**目的語**がくるほか、**動詞の不定形**を置いて「…するのが好き」という文も作れます。

Я люблю́ спорт, а мой брат лю́бит чита́ть.
　　　　　　私はスポーツが好きですが、弟は本を読むのが好きです。

3 а と я で終わる女性名詞の対格

対格では、まず、-а と -я で終わる女性名詞単数に気をつけましょう。
-ь で終わる女性名詞、男性名詞＊、中性名詞、複数＊は主格と同じ形です。

-а → -у：ры́ба（魚）→ ры́бу　газе́та（新聞）→ газе́ту　Ни́на（ニーナ）→ Ни́ну

-я → -ю：статья́（論文）→ статью́　исто́рия（歴史）→ исто́рию

а と я で終わる男性名詞も -у、-ю になります。

па́па（パパ）→ па́пу、де́душка（祖父）→ де́душку、Алёша（アリョーシャ：男性の名前）→ Алёшу　дя́дя（伯父）→ дя́дю、Ва́ня（ヴァーニャ：男性の名前）→ Ва́ню

＊男性名詞の一部は主格と違う形です。この課の後半で取り上げます。

4 「…を」と訳す対格

動詞の直接目的語（「…を」）の多くは対格になります。

私は…を読みます。　　　　　　　　　彼は…を見ます。

Я читáю { кни́гу. （本を）　　　　　Он смо́трит { карти́ну. （絵を）
　　　　　 статью́. （論文を）　　　　　　　　　　 телеви́зор. （TV を）
　　　　　 журнáл. （雑誌を）　　　　　　　　　　 карти́ны. （絵［複］を）
　　　　　 журнáлы. （雑誌［複］を）

私は…を愛する、好きです。

Я люблю́ { ры́бу. （魚を）　　　　＊「ニーヌゥを愛する」ではなく、
　　　　　 Ни́ну. （ニーナを）＊　　「ニーナを愛する」です。固有名詞の
　　　　　 пáпу. （パパを）　　　　変化に注意しましょう。

5 игрáть в ＋対格、игрáть на ＋前置格

動詞 игрáть は英語の play と同じで「遊ぶ、（スポーツ、ゲームを）する、（楽器を）弾く」の意味があります。

「（スポーツ、ゲームを）する」は、前置詞 в ＋対格で表します。

Вчерá мы игрáли в { футбо́л.　　サッカーをした。
昨日、私たちは　　　 тéннис.　　テニスをした。
　　　　　　　　　　 шáхматы.　 チェスをした。

「（楽器を）弾く」は игрáть на ＋前置格で表します。

　Я игрáю на гитáре и флéйте＊.　　私はギターとフルートを弾きます。
　　　　　　　＊＜ флéйта

6 男性名詞の「活動名詞」、その対格

人、動物を表す名詞を活動名詞といいます。男性・活動名詞の対格は以下の形になります。

　子音→＋ а：брат（兄、弟）→ брáт<u>а</u>、дру́г（友人）→ дру́г<u>а</u>、Анто́н（アントン）
　　　　　→ Анто́н<u>а</u>

й、ь → я：геро́й（英雄）→ геро́я、Алексе́й（アレクセイ）→ Алексе́я
преподава́тель（教師）→ преподава́теля

Я зна́ю ⎰ Анто́на.　　　　私は ⎰ アントンを ⎱ 知っている。
　　　　⎨ дру́га.　　　　　　　 ⎨ 友人を
　　　　⎱ преподава́теля.　　　 ⎱ 先生を

Она́ лю́бит ⎰ Ви́ктора.　　彼女は ⎰ ヴィクトルを ⎱ 愛する
　　　　　　⎨ Макси́ма.　　　　 ⎨ マキシムを
　　　　　　⎱ Алексе́я.　　　　 ⎱ アレクセイを

7 что － кто の対格 что － кого́ と代名詞の対格

что － что（何を）　　кто － кого́［カヴォー］（誰を）
я － меня́　　ты － тебя́　　он/оно́ － его́　она́ － её
мы － нас　　вы － вас　　они́ － их

Что ты лю́бишь, мя́со и́ли* ры́бу?　　肉と魚、どちらを好き？　　*あるいは
－ **Кого́** вы лю́бите?　　あなたは誰を好きなの？
－ А́нечка, я люблю́ **тебя́**!　　アーニチカ、ぼくはきみを愛しているんだ。

ものを代名詞で受けた его́、её、их に注意しましょう。基本例文②の его は「彼を」ですが、下の場合は、ものを指します。

Вот но́вый рома́н. Вчера́ но́чью я **его́** чита́л.
　新しい長編小説です。昨日の夜はこれを読んでいました。
Моя́ ю́бка. Она́ ста́рая, но я **её** о́чень люблю́.
　私のスカートよ。古いけど、これをとても気に入っているの。

● 3人称代名詞の対格は所有代名詞の形と同じです。混同しないように。

8 名前の表現に使う対格 － Как вас зову́т?（あなたの名前は？）

名前に関する決まり文句（第4課参照）は、主語を出さずに、звать（呼ぶ）の3人称複数形 **зову́т** と人称代名詞の**対格**を用いた表現です。

- Как **вас** <u>зову́т</u>?

（人々は）**あなたを**何と呼ぶのですか。→あなたの名前は何というのですか。

- **Меня́** зову́т Акико.

（人々は）**私を**明子と呼びます。→私は明子といいます。

名前の部分は主格のままにします。彼の名を聞くには、он の対格を用います。

Как **его́** <u>зову́т</u>? - **Его́** зову́т Дми́трий.

彼の名前は何というのですか。彼の名前はドミートリィです。

звать：зову́、зовёшь、зовёт、зовём、зовёте、зову́т

● これとは別に、名と姓を分けて言いたいときは以下のようにします。

Моя́ фами́лия Танака.　私の姓は田中です。

Моё и́мя Акико.　　　　私の名前は明子です。

練習問題・УПРАЖНЕНИЕ

1、空欄に **люби́ть** の現在変化を入れましょう。

① Что вы _____ де́лать?

② Я _____ гуля́ть.

③ Они́ _____ ко́фе.

④ Мы _____ чай.

2、かっこ内の名詞と疑問詞を対格にしましょう。

① Мой друг чита́ет （газе́та） _____.

　　　　　　　　　　　　（журна́л） _____.

② Я слу́шаю （му́зыка）_____.

　　　　　　（ра́дио*）_____.＊ ラジオ

③ －（Кто）_____ ты ждёшь*?

　－ Я жду* （па́па）_____.

＊ ＜ждать 待つ　жду、ждёшь、ждёт、ждём、ждёте、ждут

④ Вчера́ она́ игра́ла в （те́ннис）_____.

⑤ Мы хорошо́ зна́ем （Анто́н）_____.

(Алёша) _____.

(Нина) _____.

3、空欄に適切な代名詞の対格を入れましょう。

① Это мой друг Борис. Я хорошо знаю _____.

② Это наша сестра Лиза. Мы любим _____.

③ Вот русские газеты. Я уже _____ читал.

4、かっこ内の代名詞を対格にしましょう。

① Как (вы) _____ зовут? －(Я) _____ зовут Таня.

② Как (он) _____ зовут? －Юрий.

③ Как (она) _____ зовут? －Маша.

【第13課の解答】

1、① любите ② люблю ③ любят ④ любим

2、① газету、журнал ② музыку、радио ③ Кого、папу ④ теннис ⑤ Антона、Алёшу、Нину

3、① его ② её ③ их

4、① вас、Меня ② его ③ её

第14課 移動の動詞 (1)「行く」　CD 49

この課の基本例文

① (路上で) － Куда́ вы идёте?　　どちらへお出かけですか。

－ Мы идём в теа́тр.　　劇場へ行くところです。

－ Вы ча́сто хо́дите в теа́тр?　　よく劇場へ行かれますか。

－ Да, вчера́ мы ходи́ли на о́перу.

ええ、昨日はオペラに行ってきました。

② (車中で) － Куда́ ты е́дешь?　　きみはどこへ行くの。

－ Я е́ду на вы́ставку.　　展示会に行くところだよ。

－ А я е́здил туда́ вчера́.　　ぼくは、昨日、そこへ行ったよ。

③ － Куда́ вы е́дете отдыха́ть?　　どこへ休暇に行くのですか。

－ В э́том году́ мы е́дем в Со́чи.　　今年はソチに行きます。

－ А мы обы́чно е́здим отдыха́ть в Крым.

私たちは、たいていクリミアへ休暇に行きます。

語句 □куда́ どこへ　□идёте < идти́ (歩いて) 行く　□идём < идти́ (歩いて) 行く　□хо́дите < ходи́ть (歩いて) 行く　□о́перу < о́пера オペラ　□е́дешь > е́хать (乗って) 行く　□е́ду > е́хать (乗って) 行く　□туда́ そこへ　□в э́том году́ 今年は　□Со́чи (不変化) ソチ　□обы́чно いつも

文法と用例　覚えておきたいこと

この課では「行く」の表現を学びます。同じ「行く」でも4つの動詞があります。使い分けはむずかしくありません。始めの一歩は動詞の変化を覚えることです。

1 2式変化の歯音変化　　CD 50

2式変化動詞の語幹が歯音（第2課の囲み参照）の д、т、з、с、ст のいずれかで終わるとき、**1人称単数の変化だけ**、これらの音が次の音と交替します。

| д → ж | т → ч | з → ж | с → ш | ст → щ |

この課で取り上げる ходи́ть（歩いて<u>行く</u>）、е́здить（乗って<u>行く</u>）の変化を見ましょう。

ход ¦ и́ть		е́зд ¦ ить	
я хожу́	мы хо́дим	я е́зжу	мы е́здим
ты хо́дишь	вы хо́дите	ты е́здишь	вы е́здите
он хо́дит	они́ хо́дят	он е́здит	они́ е́здят

я の変化で子音が交替したあと、綴り字の規則で ю ではなく y になります。過去形は規則通り。

このタイプの動詞はほかに ви́деть（見える）、сиде́ть（座っている）、лете́ть（飛ぶ）、проси́ть（頼む）などがあります。

● е́здить のように一番前にアクセントがある単語は発音しにくいようです。［ィエー］と意識して出だしを長くするとうまくいきます。

2 идти́ と е́хать の変化　　CD 51

идти́（歩いて一定方向に行く）、е́хать（乗って一定方向に行く）の変化は不規則です。とくに идти́ は、きわめて汎用性の高い動詞なので暗記しましょう。

идти		éхать		идти の過去形
я иду́	мы идём	я éду	мы éдем	шёл、шла、шло、шли
ты идёшь	вы идёте	ты éдешь	вы éдете	
он идёт	они иду́т	он éдет	они éдут	

*éхать の過去形は規則通り。

3 идти － ходи́ть、éхать － éздить の意味

ロシア語で「行く」を表すには、下の4つの動詞があります。

идти́：一定方向に歩いて行く	ходи́ть：反復・往復の歩いて行く
éхать：一定方向に乗って行く	éздить：反復・往復の乗って行く

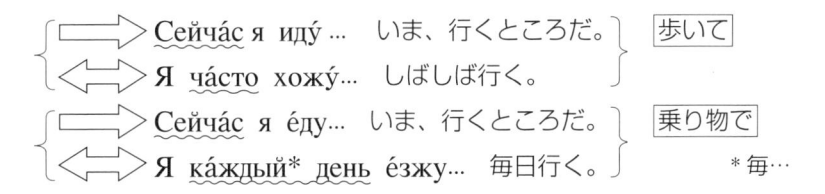

⇒ Сейча́с я иду́… いま、行くところだ。 歩いて
⇐ Я ча́сто хожу́… しばしば行く。
⇒ Сейча́с я éду… いま、行くところだ。 乗り物で
⇐ Я ка́ждый* день éзжу… 毎日行く。
*毎…

4 目的地を表す в/на ＋対格、尋ねる куда́

「…へ」と目的地を言うときは **в/на ＋対格**を用います。どちらを用いるかは、в/на ＋前置格の使い分けと同じです（第11課の囲み参照）。

Де́ти иду́т в шко́лу. 子供たちは学校へ行くところです。 歩いて
Де́ти хо́дят в шко́лу. 子供たちは学校へ通います。
Он éдет на рабо́ту. 彼は職場に行くところです。 乗り物で
Он ка́ждый день éздит на рабо́ту.
　　　　　　　　　　　　　　　彼は毎日、職場へ行きます。

「どこへ」と尋ねるときは、すべて疑問詞 куда́ で聞きます。
Куда́ вы идёте/ хо́дите/ éдете/éздите? あなたはどこへ行くの？

5 「行った」（行って帰ってきた）

идти́ と е́хать は一定方向の動きを表すので、行って帰ってきたときの「行った」には使いません。ходи́ть と е́здить の過去を用います。

Вчера́ я ходи́л/е́здил　на о́перу.
昨日はオペラに行きました。（行って帰ってきた）

過去において一定方向に向かう次のような場合は идти́ と е́хать です。

Днём я ви́дел Ве́ру. Она́ шла/е́хала на ры́нок.
昼間、私はヴェーラを見かけました。彼女は市場に行くところでした。

6 近未来を表す идти́ と е́хать

идти́ と е́хать の現在形は近未来、または決まった未来を表すことがあります。
Куда́ вы идёте за́втра?　　明日はどこへ行くのですか。
Ле́том мы е́дем в Кио́то.　　夏に私たちは京都に行きます。

7 「帰宅する」

「在宅で」と言うとき до́ма という副詞を使ったように、「帰宅する」の場合も в дом とは言わず、副詞 домо́й を使います。対にして覚えましょう。

Сейча́с я до́ма.　　　いま、家にいます。
Сейча́с я е́ду домо́й.　いま、家に帰るところです。

8 「…をしに行く」

「行く」の後ろに動詞不定形をつけると、「…をしに行く」の意味になります。

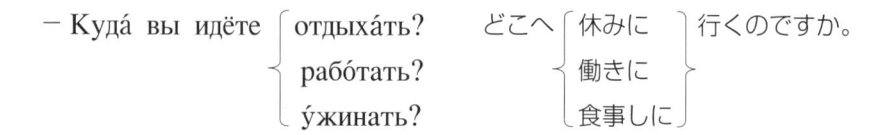

— Куда́ вы идёте ⎰ отдыха́ть?　どこへ ⎰ 休みに　⎱ 行くのですか。
　　　　　　　　 ⎨ рабо́тать?　　　　　 ⎨ 働きに　⎬
　　　　　　　　 ⎱ у́жинать?　　　　　　⎱ 食事しに ⎰

– Я иду́ ⎧ отдыха́ть в лес.   ⎧ 森へ休みに   ⎫ 行きます。
         ⎨ рабо́тать на рабо́ту   ⎨ 職場へ仕事しに   ⎬
         ⎩ у́жинать в кафе́.   ⎩ カフェへ食事しに ⎭

9 交通手段

交通手段は на +前置格で表します。

– На чём вы е́дете в Со́чи?   ソチへは何で行きますか。
– Мы е́дем в Со́чи на ⎧ маши́не.   私たちは ⎧ 車で   ⎫ ソチへ行きます。
                     ⎩ по́езде.   ⎩ 列車で ⎭

● 「徒歩で」と、とくに言いたいときは、идти́/ходи́ть にさらに副詞 **пешко́м** を そえます。

10 さまざまな意味を持つ идти́

идти́は「行く」の他に「行われている」「(雨、雪が) 降る」などの意味でも用いられます。

Идёт уро́к/ фи́льм/ бале́т.   授業／映画／バレエが 行われている。
Вчера́ шёл дождь/ снег.   昨日、雨／雪が降った。

CD 52

<語彙をふやしましょう>乗り物

авто́бус バス	тролле́йбус トロリーバス	такси́ タクシー
метро́ 地下鉄	велосипе́д 自転車	трамва́й 路面電車
по́езд 列車	маши́на 乗用車	электри́чка 電車
самолёт 飛行機		

練習問題・УПРАЖНЕНИЕ

1、4つの「行く」の現在変化を書きましょう。

① идти́ _____

_____

② е́хать _____

_____

③ ходи́ть _____

_____

④ е́здить _____

2、点線部に **идти́** の現在変化を入れ、前置詞 **в** または **на** を補って、かっこ内の名詞を対格にして答えましょう（**ты** の問いには **я** で、**вы** の問いには **мы** で答えてください）。

例　Куда́ вы сейча́с иде́те？（музе́й）Мы сейча́с идём в музе́й.
　　あなたがたはいま、どこに行くところですか。私たちは美術館へ行くところです。

① Куда́ вы сейча́с ....?（вы́ставка）

② Куда́ он ....?（вокза́л）

③ Куда́ .... Ни́на?（кафе́）

④ Куда́ ты сейча́с ....?（шко́ла）

⑤ Куда́ .... И́горь и Ве́ра?（магази́н）

3、かっこ内の動詞のいずれかを選んで変化形を書きましょう。

① Вы сейча́с（идти́/ ходи́ть）на ры́нок?
あなたは市場に行くところですか。

② Ка́ждый день мой сын（идти́ / ходи́ть）в шко́лу.
毎日、私の息子は小学校へ通っています。

③ Ка́ждое воскресе́нье мы（е́хать/ е́здить）на да́чу.
毎日曜日、私たちは別荘に行きます。

④ Когда́ ты（е́хать／е́здить）в Москву́?
いつ、きみはモスクワに行くの。

⑤ Сейча́с они́（идти́／ходи́ть）гуля́ть в парк.
彼らはいま、公園に散歩しに行くところです。

⑥ Они́ иногда́（е́хать／е́здить）обе́дать в рестора́н.
彼らは時々レストランに食事しに行きます。

4、つぎの文をロシア語にしましょう。

①（路上で）アンナ、きみはどこへ行くの。　図書館へ行くところよ。

②ぼくは図書館に行ってきました。

③私はよく、劇場へ（乗って）行きます。

【第14課の解答】

1、① я иду́、ты идёшь、он идёт、мы идём、вы идёте、они́ иду́т ② я е́ду、ты е́дешь、он е́дет、мы е́дем、вы е́дете、они́ е́дут ③ я хожу́、ты хо́дишь、он хо́дит、мы хо́дим、вы хо́дите、они́ хо́дят ④ я е́зжу、ты е́здишь、он е́здит、мы е́здим、вы е́здите、они́ е́здят

2、① идёте、Мы сейча́с идём на вы́ставку. ② идёт、Он сейча́с идёт на вокза́л. ③ идёт、Она́ сейча́с идёт в кафе́. ④ идёшь、Я сейча́с иду́ в шко́лу. ⑤ иду́т、Они́ сейча́с иду́т в магази́н.

3、① идёте ② хо́дит ③ е́здим ④ е́дешь ⑤ иду́т ⑥ е́здят

4、① А́нна, куда́ ты идёшь? Я иду́ в библиоте́ку. ② Я ходи́л в библиоте́ку. ③ Я ча́сто е́зжу в теа́тр.

第15課 生格（1）　　CD 53

この課の基本例文

① － Чей э́то уче́бник? Твой?　　これは誰の教科書？　きみのかい。

－ Нет, не мой. Э́то уче́бник бра́та.

　　　　　　　　　　　　　　　　いや、ぼくのじゃないよ。弟のさ。

－ А како́й э́то уче́бник?　　　何の教科書なの？

－ Э́то уче́бник ру́сского языка́.

　　　　　　　　　　　　　　　　ロシア語の教科書だよ。

② （電話が鳴る）－ Алло́!　　　もしもし。

－ Здра́вствуйте!　　　　　　こんにちは！

－ До́брый день!　　　　　　　こんにちは！

－ Ири́ну, пожа́луйста.　　　　イリーナをお願いします。

－ К сожале́нию, её сейча́с нет.

　　　　　　　　　　　　　　　　悪いけど、いまいないのよ。

－ Спаси́бо.　　　　　　　　　そうですか、ありがとう。

－ Пожа́луйста.　　　　　　　どうも。

③ Волко́в боя́ться － в лес не ходи́ть.

　　　　　　　　　　　　　　　　狼を恐れるなら、森へ出入りするな。

語句　□ чей 誰の　□ бра́та < брат 兄、弟　□ ру́сского языка́ < ру́сский язы́к ロシア語　□ её < она́ 彼女は　□ волко́в < во́лк 狼　□ боя́ться [2] 恐れる

文法と用例　覚えておきたいこと

この課から2課にわたって生格について学びます。ロシア語のなかではよく使われる格です。生格の生とは「生み出す」という意味です。

1 生格と生格の形

生格は、由来・所属・特徴を示します。その他、決まった前置詞・動詞・数の要求によって、また、ないもの・いない人を表すのにも用いられます。

生格では、まず、次の形をしっかり覚えましょう。

	（主格）	（生格）	（語尾の形）
男性	брат（兄、弟）	брáта	＋а
中性	тéло（物体、人体）	тéла	о → а
男性	музéй（美術館）	музéя	й → я
女性	шкóла（学校）	шкóлы	а → ы

● これ以外については、巻末の付表で確かめましょう。
● 綴り字の規則が使われる場合に注意。例　студéнтка → студéнтки

2 由来・所属・特徴を表す生格

由来・所属・特徴を表す生格は、ふつう説明する語の後ろに置きます。「…の」と訳せます。

учéбник брáта　→ 弟の 教科書
　　　　　　生格

нóмер телефóна 電話(の)番号　　смерть герóя 英雄の死
кáрта Москвы́ モスクワの地図　　температýра* тéла 体温
　　　　　　　　　　　　　　　　＊温度　体の温度→体温

3 代名詞の所属は所有代名詞で

CD 54

代名詞の生格は所属を表しません。すでに学んだ所有代名詞（第8課）を使います。

「誰の」と尋ねる疑問詞は、尋ねる名詞の性・数で以下のように使い分けます。

（男性）чей　　（女性）чья　　（中性）чьё　　（複数）чьи

「これは誰の…ですか」

　　Чей э́то зо́нтик? — Э́то зо́нтик А́нны.　　アンナの傘です。
　　Чья э́то тетра́дь? — Э́то моя́ тетра́дь.　　私のノートです。
　　Чьё э́то письмо́? — Э́то письмо́ дру́га.　　友人の手紙です。
　　Чьи э́то тетра́ди? — Э́то на́ши тетра́ди.　　私たちのノートです。

4 形容詞の生格

　形容詞は名詞に合わせて格変化します。まずは硬変化を見てください。男性形と中性形は同じ形です。

но́вый/ но́вое → но́вого
Э́то альбо́м но́вого студе́нта.　　これは新入生のアルバムです。

но́вая → но́вой
Э́то фотоаппара́т но́вой студе́нтки.　　これは新入生（女子）のカメラです。

но́вые → но́вых
Э́то фотогра́фия но́вых студе́нтов*.　　これは新入生たちの写真です。
　　　　　　　　　*студе́нтов は、студе́нты の生格です。

ру́сский もほぼ同じ変化です。
уче́бник ру́сского языка́　　　　ロシア語の教科書
слова́рь ру́сской литерату́ры*　　ロシア文学の辞典 * < литерату́ра
хор ру́сских студе́нтов　　　　　ロシア人学生たちのコーラス

● 一度に全部覚えるのは大変です。「ロシア語の教科書」のようにセットにして覚えましょう。主格が何であるかわかるようにしましょう。

5 存在しないものや人を表す生格

　存在しないものや人は**生格**で表します。基本例文②のように代名詞の生格もふつうの名詞と同じ扱いです。代名詞の生格の形は対格の形と同じです（第13課 **7** 参照）。

「いません」「ありません」は не ではなく、нет といいます。生格と組み合わせて、
нет ＋生格 → …は、いません／ありません。 となります。

－ Ири́ну, пожа́луйста. － **Её** сейча́с нет.
　イリーナをお願いします。いま、彼女はいません。

「イリーナを」は対格を用います。そのイリーナがいないので、она́ の生格 её で不在のイリーナを示します。

В го́роде нет стадио́н**а**.　　　町には競技場がありません。
Там нет ру́сск**их** студе́нт**ов**.　あちらにはロシア人の学生はいません。

「なかった、いなかった」という過去の場合は**生格の性・数にかかわらず、не́ бы́ло** を使います。

В го́роде не́ бы́ло стадио́н**а**.　　　町には競技場がありませんでした。
Там не́ бы́ло ру́сск**их** студе́нт**ов**.　あちらにロシア人の学生はいなかった。

6 生格を要求する動詞

いくつかの動詞は、目的語に生格を要求します。жела́ть［1］（望む）、ждать*（待つ・期待する）、боя́ться（恐れる）などです。

Лю́ди жела́ют ми́р**а**.　　人々は平和を望んでいる。
Мы ждём авто́бус**а**.　　私たちはバスを待っています。
Волко́в боя́ться －　в лес не ходи́ть.
　　　　　　　　　　　「狼を恐れるなら、森へ出入りするな」

基本例文③にも出した3つ目の文は、ロシアの有名な格言です。暗記して複数生格の形を覚えましょう。не ходи́ть のように不定形に не をつけると、禁止の意味になります。

＊ждать が「（決まった人を）待つ」に用いられるときは、対格がきます（第13課練習問題2－③参照）。

練習問題・УПРАЖНЕНИЕ

1、下線部を生格にして、単語全体の意味を考えましょう。

　　例　учебник японский язык（японского языка）　日本語の教科書

① журнал брат（　　　　　　　　）..

② урок математика*（　　　　　　　　）..

③ лекция*1 физика*2（　　　　　　　　）..

④ стол инженер（　　　　　　　　）..

⑤ номер телефон（　　　　　　　　）..

⑥ двери музей（　　　　　　　　）..

⑦ карандаш Нина（　　　　　　　　）..

⑧ карта Лондон（　　　　　　　　）..

⑨ учебник русский язык（　　　　　　　　　　）

....

⑩ фотография новый студент（　　　　　　　　　）

....

　② * 数学　　③ *1 講義 *2 物理学

2、下線部の生格を主格の形にしましょう。

① словарь русской литературы（　　　　　　　　　）

② хор ру́сских студе́нтов（　　　　　　　　　　　　　）

3、例にならって、次の文の主語を生格にして、**нет** または **не́ было** を入れて、不在を表す文を作りましょう。

　例　Здесь ма́ма. → Здесь нет ма́мы.

① Там библиоте́ка. _____

② Здесь гости́ница. _____

③ Здесь зо́нтик. _____

④ Там был теа́тр. _____

⑤ Там ру́сский студе́нт. _____

【第 15 課の解答】

1、① бра́та 兄（弟）の雑誌 ② матема́тики 数学の授業 ③ фи́зики 物理の講義 ④ инжене́ра エンジニアの机 ⑤ телефо́на 電話番号 ⑥ музе́я 美術館の扉 ⑦ Ни́ны ニーナの鉛筆 ⑧ Ло́ндона ロンドンの地図 ⑨ ру́сского языка́ ロシア語の教科書 ⑩ но́вого студе́нта 新入生の写真

2、① ру́сская литерату́ра ② ру́сские студе́нты

3、① Там нет библиоте́ки. ② Здесь нет гости́ницы. ③ Здесь нет зо́нтика. ④ Там не́ было теа́тра. ⑤ Там нет ру́сского студе́нта.

第16課 生格（2）・所有の表現 CD 55

> **この課の基本例文**
>
> ① － У вас есть сестра?　姉妹はいるの？
>
> － Да, у меня есть старшая сестра. 姉がいます。
>
> － Какие у неё глаза? Тоже чёрные?
>
> 　　　　　　　　　　　　　お姉さんはどんな目をしているの？　やっぱり、黒いの？
>
> － У неё чёрные большие глаза. Она красавица.
>
> 　　　　　　　　　　　　　黒くて、大きな目です。美人ですよ。
>
> ② － Мама, у меня болит голова. И нога и руки болят.
>
> 　　　　　　　　　　　　　ママ、私、頭が痛いの。足も両手も痛いのよ。
>
> － А почему ты не хочешь идти в школу?
>
> 　　　　　　　　　　　　　で、どうしておまえは学校に行きたくないの？

> **語句**　□ у ～のもとに　□ есть < быть であるの現在変化　□ чёрные < чёрный 黒い　□ красавица 美人　□ болит < болеть [2]（1・2人称なし）痛む　□ нога 足　□ руки < рука 手　□ почему なぜ　□ хочешь < хотеть ほしい、…したい

文法と用例　覚えておきたいこと

前置詞 y ＋生格を使った所有の表現、その他を学びます。型に当てはめて練習しましょう。不規則動詞 хотéть も覚えましょう。

1 「誰々は…を持っている」の表現

「誰々は…を持っている」「誰々のところには…がある」。英語では have で表現されるこのような文を、ロシア語では多くの場合、*

y ＋（人の）生格＋ есть ＋主格（人・もの）　で表します。

前置詞 y は、生格を伴って「…のもとに」を意味します。есть は быть の現在変化形で、存在をいう場合だけに使われます。直訳すると「誰それのもとに…がある、いる」となります。なお、быть の現在変化形はこの есть 1 つだけです。
*иметь［1］（持つ）＋対格形の表現もあります。

2 y ＋人称代名詞の生格

人称代名詞の生格＝対格の形はすでに学びましたが、**3 人称の代名詞の前に前置詞がくるとき、н を前に綴る** *ので、すこし違った形になります。y をつけて唱えて覚えましょう。＊すべての前置詞に適用される大切な決まりです。

（主格）	（生格）	y ＋生格
я	меня	у меня
ты	тебя	у тебя
он/онó	егó	у негó
онá	её	у неё
мы	нас	у нас
вы	вас	у вас
они́	их	у них

У меня́ есть сестрá.
私には姉（妹）がいます。

У неё есть брат.
彼女には兄（弟）がいます。

У них есть дéти.
彼らには子供たちがいます。

У вас есть женá?
奥さんはいますか。

店で、もののある・なしを尋ねる以下のような場合にも、よく使われます。

У вас есть зелёный* чай? おたくに緑茶はありますか。＊緑の
－ Да, у нас есть. 　　　　　はい、（私どもには）ございます。

過去時制では、быть の 4 つの過去形を主語によって使い分けます。

У него́ бы́ли де́ньги. 彼はお金を持っていた。
У него была́ ви́за.　　彼はビザを持っていた。

3 否定の表現

「誰々は…を持っていない、いなかった」「誰々のところには…がない、なかった」
という場合には、前の課で学んだ нет ＋生格、не́ бы́ло ＋生格を使います。

У вас есть де́ньги? － Нет, у меня́ нет де́нег.*
お金を持っていますか。　　いいえ、お金はありません。
У меня́ не́ было ви́зы.　　私はビザを持っていなかった。

＊つねに複数の形の де́ньги の生格は де́нег です。よく使うので、知っておきましょう。

4 存在を問題にしない場合

есть は存在をいうときだけ用いられるので、以下のように種類や特徴をいう場合には使いません。

У Еле́ны си́ние глаза́. 　エレーナは青い目をしている。
Како́й у тебя́ слова́рь? － У меня́ ру́сско-япо́нский слова́рь.
きみは、何の辞書を持っているの？　　ぼくは露和辞典を持っているよ。

5 「わが町では」У нас в го́роде...

「わが町では」「わが社では」などと言う場合

у ＋（人の）生格＋ в/на ＋場所の前置格が多用されます。

У нас в го́роде есть откры́тый бассе́йн.
　私たちの町には屋外プールがある。

у нас в фи́рме　わが社では　　у нас на заво́де　わが工場では
у вас в Росси́и　貴国ロシアでは　у вас на Ура́ле　そちらウラルでは

6 「誰々は…が痛い」

「誰々は…が痛い」は **у** +（人の）生格+ **боле́ть** +主格（体の部分）で表します。体の部分が単数であれば 3 人称単数の боли́т 、複数であれば боля́т です。

Что у вас боли́т? － У меня́ боли́т го́рло.
あなたはどこが痛いのですか。のどが痛みます。
Что у тебя́ боли́т? － У меня́ боля́т зу́бы.
きみはどこが痛いの？　　歯（複）が痛いわ。

日本語では「どこが痛いの？」ですが、ロシア語では、「あなたのもとでは、何が痛むのですか」という作りなので、疑問詞は что です。что と結びつく動詞は、答えに関係なく 3 人称単数形を用います。

7 不規則動詞 хоте́ть（…したい、…がほしい）　　**CD 57**

хоте́ть		●面倒な変化に見えますが、単数と複数の変化を分けて考えると、単数が 1 式変化（писа́ть の型）、複数が 2 式変化になっているのに気づくでしょう。過去変化は規則通りです。
я хочу́	мы хоти́м	
ты хо́чешь	вы хоти́те	
он хо́чет	они́ хотя́т	

хоте́ть は基本例文②のように後ろに不定詞を伴って、「…したい」の意味を表します。

У меня́ есть вре́мя. Я хочу́ немно́го спать.
　時間がありますね。ぼくは少し眠りたいな。

また、目的語を置くこともあります。

Ми́ша хо́чет но́вый велосипе́д.
ミーシャは新しい自転車をほしがっている。

8 どうして？　なぜなら

基本例文②の **почему́** は理由を尋ねる疑問詞です。「なぜなら、…」と答えるときは、**потому́ что** を使います。1語のように続けて発音するので［パタムゥーシタ］となります。

Почему́ вы не хоти́те гуля́ть？ － Потому́ что у меня́ боля́т но́ги.
なぜ、散歩したくないのですか。　　両足が痛いからです。

CD 58

＜語彙をふやしましょう＞体の部分

во́лосы 頭髪	голова́ 頭	лицо́ 顔	глаз・глаза́ 目、両目
нос 鼻	у́хо・у́ши 耳、両耳	рот 口	ше́я 首
го́рло のど	плечо́ 肩	рука́ 腕、手	нога́ 足

練習問題・УПРАЖНЕНИЕ

1、例にならって、与えられた語を使って「誰々（に）は…を持っている、ある」の文章を作りましょう。

　　例　мы、кни́ги → У нас есть кни́ги.

① ты、де́ньги → _____

② они́、де́ти → _____

③ мы、вре́мя → _____

④ она́、па́рень* → _____

⑤ он、па́спорт → _____

⑥ вы、фотоаппара́т* → _____

⑦ я、пробле́ма* → _____

⑧ он、хоро́ший компью́тер* → _____

　*④青年、恋人　⑥カメラ　⑦問題　⑧コンピュータ

2、例にならって、次の文を過去形にしましょう。

　　例　У меня́ есть кни́га. → У меня́ была́ кни́га.

① У меня́ есть брат. _____

② У него́ есть жена́. _____

③ У нас есть дача. _____

④ У вас есть зо́нтик. _____

⑤ У тебя́ есть велосипе́д. _____

3、例にならって、次の問いに否定で答えましょう（**У тебя́**...? の問いには **У меня́** で、**У вас** ...? の問いには **У нас** で答えてください。）

例　У тебя́ есть соба́ка?　<u>Нет, у меня́ нет соба́ки.</u>

① У них есть маши́на?

② У него́ была́ жена́?

③ У тебя́ есть вопро́сы?

④ У вас в го́роде есть музе́й?

⑤ У вас в университе́те есть спорти́вный зал*?

＊体育館

4、例にならって、点線部に **хоте́ть** の変化を入れ「なぜ…したくないの？」の問いを作り、かっこ内の語を使って「誰々は…が痛いからです」と答えましょう（**ты、вы** の問いにはどちらも **у меня́** で答えてください）。

例 Почему́ он не хо́чет рабо́тать? (голова́) － Потому́ что у него́ боли́т голова́.
なぜ、彼は働きたくないのですか。　なぜなら、彼は頭が痛いからです。

① Почему́ он не ………………… гуля́ть? (плечо́)

② Почему́ вы не ………………… рабо́тать? (ше́я)

③ Почему́ она́ не ………………… петь? (го́рло)

④ Почему́ ты не ………………… слу́шать му́зыку? (у́хо)

⑤ Почему́ они́ не ………………… игра́ть в те́ннис? (но́ги)

【第16課の解答】

1、① У тебя́ есть де́ньги. ② У них есть де́ти. ③ У нас есть вре́мя. ④ У неё есть па́рень. ⑤ У него́ есть па́спорт. ⑥ У вас есть фотоаппара́т. ⑦ У меня́ есть пробле́ма. ⑧ У него́ есть хоро́ший компью́тер.

2、① У меня́ был брат. ② У него́ была́ жена́. ③ У нас была́ да́ча. ④ У вас был зо́нтик. ⑤ У тебя́ был велосипе́д.

3、① Нет, у них нет маши́ны. ② Нет, у него́ не́ было жены́. ③ Нет, у меня́ нет вопро́сов. ④ Нет, у нас в го́роде нет музе́я. ⑤ Нет, у нас в университе́те нет спорти́вного за́ла.

4、① хо́чет Потому́ что у него́ боли́т плечо́. ② хоти́те Потому́ что у меня́ боли́т ше́я. ③ хо́чет Потому́ что у неё боли́т го́рло. ④ хо́чешь Потому́ что у меня́ боли́т у́хо. ⑤ хотя́т Потому́ что у них боля́т но́ги.

第17課 数詞と名詞・値段の表現 CD 59

この課の基本例文

① － У вас есть мно́го карти́н! Ско́лько у вас есть?
たくさんの絵画をお持ちですね。何枚あるのですか。

－ Здесь пять карти́н, в кабине́те четы́ре карти́ны, и в спа́льне одна́ ма́ленькая карти́на. Зна́чит, де́сять карти́н.
ここに5枚、書斎に4枚、そして寝室に小さいのが1枚。ということは、10枚です。

② Я гото́влю омле́т. Беру́ два яйца́, немно́го молока́ и немно́го со́ли.
私はオムレツを作ります。たまごを2つ、ミルクをすこし、そして塩を少々とります。

③ － Ско́лько сто́ит э́тот зо́нтик?
この傘はいくらですか。

－ Он сто́ит пятьсо́т рубле́й.
500ルーブルです。

語句 □ мно́го 多くの □ ско́лько いくつ、いくら □ спа́льня 寝室 □ зна́чит つまり □ немно́го すこし □ омле́т オムレツ □ беру́ < брать 1人称単数形 (手に)とる □ сто́ит < сто́ить (値段が)する □ рубле́й < рубль ルーブル (ロシアの通貨単位)

文法と用例　覚えておきたいこと

1 数詞表 0 ～ 1,000　　CD 60

この課では、数詞とその用法を学びます。数詞が主格と対格で用いられるとき、**後ろにくる名詞はその数詞によって変化**します。規則を覚えてしまえばパズルのように当てはめるだけです。数にかかわる格は**生格**です。

● 数詞はそれ自体格変化します。主格と対格以外の格は、名詞の格を決めません。

0	ноль	20	двáдцать
1	оди́н、однá、однó、одни́	21	двáдцать оди́н、однá、однó、одни́
2	два、две	22	двáдцать два、две
3	три	30	три́дцать
4	четы́ре	40	сóрок
5	пять	50	пятьдеся́т
6	шесть	60	шестьдеся́т
7	семь	70	сéмьдесят
8	вóсемь	80	вóсемьдесят
9	дéвять	90	девянóсто
10	дéсять	100	сто
11	оди́ннадцать	200	двéсти
12	двенáдцать	300	три́ста
13	тринáдцать	400	четы́реста
14	четы́рнадцать	500	пятьсóт
15	пятнáдцать	600	шестьсóт
16	шестнáдцать	700	семьсóт
17	семнáдцать	800	восемьсóт
18	восемнáдцать	900	девятьсóт
19	девятнáдцать	1000	ты́сяча

2 1について、2について

（A）1には4つの形があり、関係する名詞によって使い分けます。

オди́н журна́л　1冊の雑誌　　одна́ карти́на　1枚の絵
одно́ сло́во　1つの単語　　одни́ брю́ки　1本のズボン

журна́l といえば「1冊の雑誌」を意味するので、1つであることを強調するとき以外、ふつうは省略されます。

（B）2は男性・中性名詞に関する場合と、女性名詞の場合を使い分けます。名詞そのものの形も変わります（次項で）。

два ＋ 男性・中性名詞　　две ＋ 女性名詞

3 数詞と名詞の数・格

数詞にかかわる名詞の数・格は次のようになります。

1 ＋主格

2 два/две、**3** три、**4** четы́ре ＋単数生格

2 два（男）журна́ла（雑誌）(中) сло́ва（単語）
  две（女）карти́ны（絵画）

3 три　　　журна́ла　　карти́ны

4 четы́ре　сло́ва

5 пять 以上の数詞 6、7…20…＋複数生格

5 пять　журна́лов / карти́н / слов

単数生格・複数生格の形	
男	журна́л（単・主） журна́ла（単・生） журна́лов（複・生）
女	карти́на（単・主） карти́ны（単・生） карти́н（複・生）
中	сло́во（単・主） сло́ва（単・生） слов（複・生）

● 複数なのに単数生格はおかしい、と思われるかもしれませんが、こう決まっています。

● 0（ноль）のあとは複数生格です。

4 組み合わせの数詞

два́дцать оди́н（21）、два́дцать два（22）のように組み合わせの数詞では、末尾の数詞によって名詞の形が決まります。5 以上といっても、たとえば（21）は оди́н で決まるので、単数主格がきます。

21　два́дцать оди́н журна́л（雑誌）
　　　　　　　　одна́ карти́на（絵画）

22　два́дцать два журна́ла
　　　　　　　две карти́ны

25　два́дцать пять журна́лов

● まちがえやすいのは、11、12 などです。оди́ннадцать、двена́дцать は 1 つの数詞なので、「5 以上」です。複数生格がきます。

5 2,000、5,000 の言い方

1,000 は ты́сяча です。女性名詞なので、2,000 の 2 は две を使い、2 のあとなので 1,000 は単数生格にします。5,000 のときの 1,000 は複数生格です。

2,000 → две тысячи　　5,000 → пять тысяч

6 数量を表す生格

数を表すつぎのような言葉に関する名詞は**生格**になります。数えられる名詞であれば複数生格、数えられなければ単数生格を用います。

сколько?　いくつ（いくら）　　Сколько студентов? 何人の学生
　　　　　　　　　　　　　　　　Сколько масла? どのくらいのバター
много　たくさん　немного/ мало すこし　несколько いくらか

Я беру несколько конфет*¹.　　私はキャンデーをすこしとります。
Вот Красная площадь.　　Здесь много народу*².
赤の広場です。　　　　　　　ここにはたくさんの人がいますね。

　　*¹ < конфета　*² < народ「人」の意味では（単）のみ。

7 брать（とる）の変化　　　　　　　　　　　　CD 61

брать	
я беру	мы берём
ты берёшь	вы берёте
он берёт	они берут

過去変化は規則通り。
むずかしい変化ですが、汎用性の高い単語です。
「手にとる」（基本例文②）、本などを「借りる」、食べ物を「とる」、その他の使い方があります。

Мы берём две книги в библиотеке.
私たちは図書館で本を2冊、借ります。

Я беру салат и сок.
私はサラダとジュースをとります。

8 値段の表現

値段を聞くときは疑問詞 сколько と動詞 стоить を使います。尋ねるものが単数であれば3人称単数形 **стоит**、複数ならば3人称複数形 **стоят** です。

Ско́лько сто́ит э́та газе́та? — Два́дцать оди́н рубль.
この新聞はいくらですか。　　　　21 ルーブルです。

— Ско́лько сто́ят э́ти часы́?　　　この時計はいくらですか。
— Они́ стоя́т де́сять ты́сяч рубле́й.　10,000 ルーブルです。

CD 62

ロシアの通貨ルーブル： рубль（単・主）、рубля́（単・生）、рубле́й（複・生）

● アクセントに気をつけましょう。

練習問題・УПРАЖНЕНИЕ

1、1から10までロシア語で数字を書きましょう。1は4つの形、2は2つの形を書いてください。

_____

_____

_____

2、かっこ内の名詞を数詞に合わせた形にしましょう。

① У них две（маши́на）...................... .

② У него́ три（велосипе́д）...................... .

③ Я ви́дел пять（авто́бус）...................... .

④ В столе́ де́сять（биле́т）...................... .

⑤ У нас в райо́не* три（бар）...................., оди́н（музе́й）......................, и мно́го（магази́н）...................... .* 地区

⑥ В па́рке во́семь（ма́льчик）...................... и одна́（де́вочка）...................... .

⑦ Ско́лько（студе́нт）...................... у вас в кла́ссе*?

⑧ У нас два́дцать два́（студе́нт）...................... .

3、**брать**「とる」の現在変化を書きましょう。

4、つぎの文をロシア語にしましょう。

①私はジュースをとります。

②この雑誌はいくらですか。　　20 ルーブルです。

【第17課の解答】

1、оди́н/одна́/одно́/одни́、два/две、три、четы́ре、пять、шесть、семь、во́семь、де́вять、де́сять

2、① маши́ны ② велосипе́да ③ авто́бусов ④ биле́тов ⑤ ба́ра、музе́й、магази́нов ⑥ ма́льчиков、де́вочка ⑦ студе́нтов ⑧ студе́нта

3、я беру́、ты берёшь、он берёт、мы берём、вы берёте、они́ беру́т

4、① Я беру́ сок. ② Ско́лько сто́ит э́тот журна́л? − Два́дцать рубле́й.

第18課 与格と造格　　CD 63

この課の基本例文

① － Кому́ вы звони́ли?　　誰に電話していたの？

－ Подру́ге Ни́не. Она́ живёт в Ту́ле.

友人のニーナに。トゥーラに住んでいるのよ。

Весно́й я е́здила к ней в го́сти.

春には彼女のところに遊びに行ったわ。

② － Ма́льчик, ты хорошо́ рису́ешь.　　坊や、上手に描くね。

Ты рису́ешь карандашо́м?　　鉛筆で描いているの？

－ Нет, я рису́ю ру́чкой па́пы. Она́ отли́чная.

違うよ、パパの万年筆で描いてるのさ。すごくいいやつなんだ。

語句　□ подру́ге < подру́га 友人（女性）　□ Ту́ле < Ту́ла（地名）トゥーラ　□ ней < она́ 彼女は　□ в го́сти お客に　□ рису́ешь < рисова́ть 描く　□ карандашо́м < каранда́ш 鉛筆　□ отли́чная < отли́чный とてもよい

文法と用例　覚えておきたいこと

　この課では、与格と造格の基本的な用法について学びます。これですべての格の形が出てきたことになります。基本的な意味と形を理解しましょう。

1 与格の形

　与格では、①（-й 以外の）子音で終わる男性名詞と、② -a で終わる女性名詞の形を、まず覚えましょう。

① ＋у　брат（兄、弟）→ бра́ту　　друг（友人）→ дру́гу　　сын（息子）→ сы́ну
　　　това́рищ（同僚）→ това́рищу　　Анто́н（アントン）→ Анто́ну

② -a → -e　сестра́（姉、妹）→ сестре́　　подру́га（女性の友人）→ подру́ге
　　　ба́бушка（祖母）→ ба́бушке　　Ни́на（ニーナ）→ Ни́не

　この他の形は巻末の付表で確かめましょう。
　что － кто の与格は **чему́ － кому́** です。人称代名詞の与格は次のようになります。

```
я － мне     ты － тебе́    он/оно́ － ему́    она́ － ей
мы － нам    вы － вам     они́ － им
```

2 与格の基本的な用法

　与格は、「誰々に〜」という**間接目的語**を表します。

－ **Кому́** вы звони́ли?　誰に電話をしていたのですか。
－ Я звони́л ⎰ бра́ту.　　　　私は ⎰ 兄（弟）　　⎱ に電話していた。
　　　　　　 ⎱ ба́бушке.　　　　　　 ⎱ お祖母さんに ⎰

Он пи́шет ⎰ сестре́　　⎱ откры́тку.　彼は ⎰ 姉（妹）に ⎱ 葉書を書く。
　　　　　 ⎱ това́рищу ⎰　　　　　　　 ⎱ 同僚に　　 ⎰

Врач сове́тует* { ему́ / ей } отдыха́ть.　医師は { 彼に / 彼女に } 休むよう勧めた。

* ＜ сове́товать（本課 8 参照）

Я жела́ю вам сча́стья.　　私はあなたに　幸福を願う。

なお、基本例文①の「友人のニーナに」の場合、友人とニーナは同格なので、подру́ге Ни́не と両方とも与格にします。

3 к ＋与格「誰々のところへ行く」

「誰々のところへ行く」は к ＋与格を使って表します。

Ма́льчик идёт к дру́гу.　　男の子は友だちのところへ行く。
Я ходи́ла к подру́ге в го́сти.
　　　　　　　　　　　　私は友だち（女）のところへお客に行った。

基本例文①のように、「彼女のところに」к ней という場合、3 人称代名詞の前に前置詞がくるときの н を忘れずに。
идти́/ходи́ть/е́хать/е́здить ＋ в го́сти は「お客に行く」という慣用表現です。
● го́сти は複数対格（特別な形）です。

4 造格の形

造格はまず、-ом、-ем、-ой になるものを覚えましょう。

	（主格）	（造格）	（語尾の形）
男性	по́езд（列車）	по́ездом	＋ ом
中性	ма́сло（バター、油）	ма́слом	＋ м → ом
男性	трамва́й（路面電車）	трамва́ем	й → ем
	писа́тель（作家）	писа́телем	ь → ем
女性	ло́жка（スプーン）	ло́жкой	а → ой

● 男性名詞にアクセントが移動するものがあります。

この他の形は巻末の付表で確かめましょう。

что － кто の造格は **чем － кем** です。

5 道具、手段を表す造格

造格は単独で「～で」「～を使って」という道具や手段を表します。

Чем он рису́ет? Он рису́ет { ру́чкой. / карандашо́м. }　彼は{ ペンで / 鉛筆で }描く。
彼は何で描くのですか。

Я е́здила { по́ездом. / трамва́ем. }　私は{ 列車で / 路面電車で }行きました。「**на** ＋**前置格**」と同じ意味です。

Мы еди́м*¹ { ножо́м и ви́лкой. / ло́жкой. / па́лочками.*² }　私たちは{ ナイフとフォークで / スプーンで / 箸で }食べる。

　　*¹ ＜ есть 変化は最後の項で　　*² ＜ па́лочки（複）箸

基本例文②の「パパの万年筆で」の場合、生格の па́пы は生格のままとし、ру́чка だけを造格にします。→ ру́чкой па́пы

6 過去時制・未来時制で造格になる述語

быть の不定形・過去形・未来形（第20課 **1** 参照）とともに用いられて「…でした」「…でしょう」「になる」という場合の名詞はふつう＊、**造格**になります。

Я хочу́ быть космона́втом.　私は宇宙飛行士になりたい。
Мой оте́ц пенсионе́р.　Ра́ньше он был врачо́м.
私の父は年金受給者です。　以前は医者でした。

＊主格のままに置かれることもあります。

7 職業を聞く慣用表現

職業を聞く表現はすでに **Кто вы (по специа́льности)?** を学びましたが、

кто の造格と名詞の造格を用いた、つぎのような慣用表現がよく使われます。

Кем вы рабо́таете？　　　― Я рабо́таю медсестро́й.
あなたのご職業は何ですか。　　看護士です。
Кем рабо́тает его́ брат？　― Писа́телем.
彼のお兄さんの職業は？　　　作家です。

8 -овать 動詞と不規則動詞 есть　　CD 64

рисова́ть（描く）、сове́товать（助言する）のように不定形が -овать で終わる動詞の現在変化は、-овать をとり **-ю、-ешь、-ет、-ем、-ете、-ют** をつけます。

рис¦ова́ть	
я рису́ю	мы рису́ем
ты рису́ешь	вы рису́ете
он рису́ет	они́ рису́ют

● у が入ることに注意しましょう。
他に фотографи́ровать（写真をとる）など。
ともに過去変化は規則通り。

-евать 語尾の動詞も同じように変化します。танцева́ть（踊る）

Вы ча́сто танцу́ете？ ― Нет, танцу́ю ре́дко.
あなたはよく踊るのですか。いえ、めったに踊りません。

不規則動詞 есть（食べる）

есть		過去形
я ем	мы еди́м	
ты ешь	вы еди́те	ел、е́ла、е́ло、е́ли
он ест	они́ едя́т	

● быть の現在変化形の есть と混同しないよう、気をつけましょう。

練習問題・УПРАЖНЕНИЕ

1、「誰々に」となるように、下線部の単語を与格にしましょう。

① Кто（　　　　　　　　　　　） вы пи́шете?

② Я пишу́ Анто́н（　　　　　　　　　　　）.

③ Ты ча́сто пи́шешь друг（　　　　　　　　　　　）?

④ Я звони́л това́рищ（　　　　　　　　　　　）.

⑤ Вчера́ он писа́л ма́ма（　　　　　　　　　　　）.

⑥ Она́ звони́т подру́га（　　　　　　　　　　　）.

⑦ Мы жела́ем вы（　　　　　　　　　　　） сча́стья.

⑧ Я сове́тую ты（　　　　　　　　　　　） отдыха́ть.

⑨ Моя́ дочь ходи́ла к ба́бушка（　　　　　　　　　　　）.

⑩ Я е́ду к сын（　　　　　　　　　　　）.

2、「何々で」となるように、下線部を造格にしましょう。

① Что（　　　　　　　　　　　） ты пи́шешь?

② Я пишу́ каранда́ш（　　　　　　　　　　　）.

③ Ва́ша дочь пи́шет ру́чка（　　　　　　　　　　　）?

④ Ты ешь ло́жка （　　　　　　　　）?

⑤ Я ем ви́лка （　　　　　　　　）.

⑥ Мой роди́тели е́хали в Москву́ по́езд （　　　　　　　　）.

3、下線部を造格にしましょう。

① Кто （　　　　　　　　　　　） рабо́тает ваш муж?

② Он рабо́тает арти́ст （　　　　　　　　）.

③ Она́ была́ медсестра́ （　　　　　　　　）.

④ Я хочу́ быть писа́тель （　　　　　　　　）.

4、下線部の -овать と -евать の語尾の動詞を変化させましょう。

① Они́ рисова́ть ……………………………………… хорошо́.

② Чем вы рисова́ть ……………………………………… ? － Ру́чкой.

③ Врач сове́товать ……………………………………… ему́ отдыха́ть.

④ Ты ча́сто танцева́ть ……………………………………… ?

⑤ Нет, я танцева́ть ……………………………………… ре́дко.

【第18課の解答】

1、① Кому́ ② Анто́ну ③ дру́гу ④ това́рищу ⑤ ма́ме ⑥ подру́ге ⑦ вам ⑧ тебе́ ⑨ ба́бушке ⑩ сы́ну

2、① Чем ② карандашо́м ③ ру́чкой ④ ло́жкой ⑤ ви́лкой ⑥ по́ездом

3、① Кем ② арти́стом ③ медсестро́й ④ писа́телем

4、① рису́ют ② рису́ете ③ сове́тует ④ танцу́ешь ⑤ танцу́ю

第19課 形容詞短語尾の用法

CD 65

この課の基本例文

① - Вчера́ я был о́чень за́нят.　　昨日はとても忙しかったな。

 - Вы за́няты сего́дня то́же?　　あなたは今日も忙しいの？

 - Нет, сего́дня я свобо́ден.　　いいや、今日は暇ですよ。

② - О́чень рад ви́деть вас!　　お目にかかれて、とてもうれしいです。

 - Я то́же о́чень ра́да.　　私もうれしいです。

③ Тебе́ хо́лодно? Ты до́лжен наде́ть шу́бу.

　　おまえは寒いの？ 毛皮のコートを着なくてはいけないよ。

語句 □ за́нят < за́нятый 忙しい、ふさがっている　□ свобо́ден < свобо́дный 暇だ、空いている　□ рад うれしい　□ ра́да < рад うれしい　□ хо́лодно 寒い　□ до́лжен... しなくてはならない　□ наде́ть（完）着る　□ шу́бу < шу́ба 毛皮のコート

文法と用例　覚えておきたいこと

第8課で学んだ形容詞は、長語尾といわれるものです。**形容詞にはこの他、短語尾という形があります**。この課ではこの形容詞短語尾形について、また短語尾の中性形が主語なしで述語になる無人称文について学びます。

1 形容詞短語尾形の基本的な型　　CD 66

形容詞短語尾形は、ふつう長語尾から作られます。硬・軟変化型に関係なく**男性形は変化語尾をとったもの**、女性形、中性形、複数形は男性形にそれぞれ、**-а（я）、-o（e）、-ы/и** をつけます（かっこ内のような変化はわずかです）。краси́вый（美しい）、за́нятый（ふさがっている、忙しい）、хоро́ший（よい）を見ましょう。

	（男性）	（女性）	（中性）	（複数）
長語尾	краси́в|ый	краси́вая	краси́вое	краси́вые
短語尾	краси́в	краси́ва	краси́во	краси́вы
長語尾	за́нят|ый	за́нятая	за́нятое	за́нятые
短語尾	за́нят	занята́	за́нято	за́няты
長語尾	хоро́ш|ий	хоро́шая	хоро́шее	хоро́шие
短語尾	хоро́ш	хороша́	хорошо́	хороши́

● 短語尾形では、アクセントが移動するものもあるので注意しましょう。

辞書の見出し語は長語尾形容詞の男性形です。

2 短語尾形の変形型－男性形にのみ現れる e

長語尾をとった**語末の2文字が2つとも子音のとき、間に [e]（[o]）が綴られます**。基本例文①の свобо́ден ＜ свобо́дный（暇である、空いている）がこの形です。**男性形だけ**に現れます。

（男性）	（女性）	（中性）	（複数）
свобо́ден	свобо́дна	свобо́дно	свобо́дны

他に согла́сный（賛成だ）: согла́с**е**н、интере́сный（面白い）: интере́с**е**н などがあります。

3 その他の注意すべき形容詞短語尾形

	（男性）	（女性）	（中性）	（複数）
1	бо́лен	больна́	(больно́)	больны́
2	ра́д	ра́да	-----	ра́ды

1、больно́й の短語尾は「病気だ」です。男性形では ь が e になります。

2、英語の glad に当たる「うれしい」の意味の形容詞短語尾形には、元になる長語尾形は存在しません。また、主語が人なので中性形もありません。

4 形容詞短語尾形の使い方

短語尾は長語尾と違って**格変化しません**。また、**名詞を修飾せず**、述語としてのみ使います。形は主語に合わせますが、**вы** が主語となるときは長語尾のときと違って、**つねに複数形を用います**。

Э́то ме́сто за́нято.　この席はふさがっている。
Он бо́лен.　彼は病気だ。
Вы ра́ды？ － Да, я рад.
あなたはうれしいですか。ええ、ぼくはうれしいです。

基本例文②は「あなたに会って（あなたを見て）うれしい」という慣用表現です。
過去時制は、例文①のように быть の過去形、未来時制は быть の未来形（第20課 1 参照）を使って表します。

5 主語なしで用いる中性形

いくつかの形容詞短語尾中性形＊は主語なしで用いて、**状況や感情、気温や天候**などを表します。

*このような形容詞短語尾中性形は「述語」として辞書の見出し語になっています。

① 全体の状況や感情を表す文
　Интере́сно? － Нет, да́же ску́чно.　面白いかね。　いや、むしろ退屈だね。
　（＜ интере́сный）　　　（＜ ску́чный）

② 気温や天候を表す文
　Хо́лодно?（＜ холо́дный）－ Да, о́чень.　寒いですか。　ええ、とても。
　В а́вгусте* в Оса́ке жа́рко.（＜ жа́ркий）　8月、大阪では暑い。
　*＜ а́вгуст　月名と用法については、この課の最後の項で説明します。
　このような文を**無人称文**といいます。**主語＝主格のない述語だけの文です。**基本例文③のように、無人称文の主体は与格で表します。

　－ Вам не хо́лодно? － Нет, мне тепло́.（＜ тёплый）
　あなたは寒くないですか。　　いいえ、私は暖かいですよ。

6 疑問詞 как ＋短語尾中性形を使った感嘆文
　形容詞短語尾中性形の前に「どのように？」の意味の как を置いて、最後に「！」をつけると感嘆文になります。

　Как тру́дно!　　　　　　なんとむずかしいのだろう！
　Как гру́стно*!　　　　　なんて悲しい！　　*[グルースナ]

7 副詞となる形容詞短語尾中性形
　形容詞短語尾中性形は、つぎのように副詞としても使われています。
　Я пло́хо говорю́ по-ру́сски. Вы меня́* понима́ете?
　（＜ плохо́й）私はロシア語を話すのが下手です。私の言うことがわかりますか。
　● *меня は я の対格で、Do you understand me? という文です。

8 述語 до́лжен（男）、 должна́（女）、 должны́（複）
　基本例文③の до́лжен は「…すべきだ、…する必要がある」の意味を持ち、рад

と同じように男性・女性・複数の形で述語として使われます。ただし、形容詞と違っ
て**つねに動詞の不定形とともに**用いられます。

9 月名とその用法

月は месяц といいます。「…月に」は в ＋前置格で表します。

月（主格）	…月に（前置格）	月（主格）	…月に（前置格）
1月 янва́рь	в январе́	7月 ию́ль	в ию́ле
2月 февра́ль	в феврале́	8月 а́вгуст	в а́вгусте
3月 март	в ма́рте	9月 сентя́брь	в сентябре́
4月 апре́ль	в апре́ле	10月 октя́брь	в октябре́
5月 май	в ма́е	11月 ноя́брь	в ноябре́
6月 ию́нь	в ию́не	12月 дека́брь	в декабре́

●アクセントに注意しましょう。

〈語彙をふやしましょう〉形容詞短語尾形・よく使われる述語と副詞

за́нят ↔ свобо́ден　　　　　　　　　　здоро́в ↔ бо́лен
（忙しい、ふさがっている↔暇だ、空いている）　（健康だ↔病気だ）

хорошо́ ↔ пло́хо（よい↔悪い）　　　осторо́жно（危ない）
ра́но ↔ по́здно（早い↔遅い）　　　　прекра́сно（素晴らしい）
бы́стро ↔ ме́дленно（速い↔ゆっくり）　ску́чно（退屈だ、悲しい）
хо́лодно ↔ жа́рко（寒い↔暑い）　　　интере́сно（面白い）
тепло́（暖かい）　　　　　　　　　　ве́село（楽しい）
ду́шно（蒸し暑い）　　　　　　　　　до́рого（高価だ）
отли́чно（特によい）

練習問題・УПРАЖНЕНИЕ

1、つぎの形容詞長語尾形の下に基本の短語尾形を書きましょう。

① здоро́вый   здоро́вая   здоро́вое   здоро́вые

_____   _____   _____   _____

② за́нятый   за́нятая   за́нятое   за́нятые

_____   _____   _____   _____

③ свобо́дный   свобо́дная   свобо́дное   свобо́дные

_____   _____   _____   _____

2. 例にならって、形容詞長語尾を使った「これは、AなBです」の文を「この **э́тот、э́та、э́то、э́ти**」＋短語尾で、「このBは、Aです」の文にしましょう。

例　Э́то но́вый журна́л. → Э́тот журна́л нов.
　　（これは新しい雑誌です）（この雑誌は新しい）

① Э́то гря́зный плато́к. _____
　（これは汚れたハンカチーフです）

② Э́то вку́сное мя́со. _____
　（これはおいしい肉です）

③ Э́то дорога́я ме́бель. _____
　（これは高価な家具です）

④ Э́то за́нятое ме́сто. _____
　（これは、ふさがっている席です）

⑤ Э́то краси́вая река́. _____
　（これは、美しい川です）

3、例にならって、形容詞長語尾形から短語尾中性形を作り、人称代名詞を与格にして無人称文を作りましょう。

　　例　я、холо́дный → Мне хо́лодно.（私は寒いです）

① вы、ску́чный → _____

② он、интере́сный → _____

③ я、жа́ркий → _____

4、つぎの文をロシア語にしましょう。

①昨日、私（＝女性）はとても忙しかった。

②あなたにお目にかかれて、私（＝男性）はとてもうれしい。

③なんて寒いんでしょう。

【第19課の解答】

1、①здоро́в、здоро́ва、здоро́во、здоро́вы ②за́нят、занята́、за́нято、за́няты ③свобо́ден、свобо́дна、свобо́дно、свобо́дны

2、①Э́тот плато́к гря́зен. ②Э́то мя́со вку́сно. ③Э́та ме́бель дорога́. ④Э́то ме́сто за́нято. ⑤Э́та река́ краси́ва.

3、①Вам ску́чно. ②Ему́ интере́сно. ③Мне жа́рко.

4、①Вчера́ я была́ о́чень занята́. ②О́чень рад ви́деть вас. ③Как хо́лодно!

第20課 未来形

CD 69

この課の基本例文

① － Какáя погóда бýдет зáвтра？

　　　　　　　　　　　明日はどんな天気だろう。

　－ Бýдет сúльный дождь.　　大雨でしょうね。

　－ Бýдет хóлодно？　　　　寒いだろうか。

　－ Кáжется, да.　　　　　　多分ね。

　－ Тогдá я бýду дóма.　　　それでは、私は家にいることにしよう。

② － Максúм, что ты бýдешь дéлать в воскресéнье？

　　　　　　　　　　　マクシム、日曜日は何をするの？

　－ Éсли бýдет хорóшая погóда, мы с дрýгом бýдем игрáть в тéннис.

　　　　　　　　　　　もし、天気がよかったら、ぼくと友だちはテニスをするよ。

　－ А с кем？ － С Борúсом.　誰と？　ボリスとね。

語句 □бýдет < быть である　□зáвтра 明日　□сúльный 強い　□дождь 雨　□тогдá それでは　□бýду < быть である　□бýдешь < быть である　□éсли もし…なら　□с〈чем－кем 造格〉…とともに　□бýдем < быть である

文法と用例　覚えておきたいこと

この課では быть（である）とふつうの動詞の未来形について勉強します。曜日の言い方、造格を要求する前置詞の用法についても学びます。

1 быть の未来変化形　　　　　　　　　　　　　　　　　CD 70

未来時制において быть（である）は、現在変化と同じように人称変化します。

	быть		
я	бу́ду	мы	бу́дем
ты	бу́дешь	вы	бу́дете
он*	бу́дет	они́	бу́дут

*она́、оно́ も同じ形です。

2 быть の未来形を使った文「…でしょう、あるでしょう」

быть の未来形はふつう「でしょう、あるでしょう」と訳します。

Ско́ро у нас **бу́дут** экза́мены.	まもなく私たちは試験があるでしょう。
Я **бу́ду** свобо́ден.	ぼくは暇でしょう。（第19課 4 参照）
Он **бу́дет** лётчиком.*	彼はパイロットになるでしょう。
* ＜ лётчик	（第18課 6 参照）
Мы **бу́дем** в теа́тре.	私たちは劇場に行くでしょう。

このように主語に合わせて、形を使い分けます。

быть の未来形＋**в/на**＋前置格は、**быть** の過去形＋**в/на**＋前置格と同様（第12課 6 参照）に「**行くでしょう**」と訳せます。

3 時制のまとめ（быть）

「私は家にいます」の文を使った現在・過去・未来時制の表現を見ましょう。

（現在）	Я до́ма.	私は家にいます。
（過去）	Я был до́ма.	私は家にいました。（я＝女性なら была́）

（未来）Я бу́ду до́ма.　　私は家にいるでしょう。

4 無人称文の未来形、過去・存在を否定する文の未来形

無人称文の未来を表すには、無人称述語の前（後ろ）に、**бу́дет** をつけます。

　　Бу́дет интере́сно. 面白いでしょう。

過去は **бы́ло** を使います。

存在を否定する文の未来形はいつでも не **бу́дет** を用います。

　　За́втра не бу́дет уро́ков*.　　明日、授業はないでしょう。

　　　　　　　　　　　　　　　　　＊＜ уро́к の複数生格

5 ふつうの動詞の未来形　　　　　　　　　　　　　CD 71

いままで学んだふつうの動詞＊の未来時制は **быть** の未来変化＋動詞の不定形で表します。де́лать（する、行う）の未来形を見ましょう。

＊第19課基本例文 наде́ть を除く（第21課 **1** 参照）

		де́лать			
я	бу́ду	де́лать	мы	бу́дем	де́лать
ты	бу́дешь	де́лать	вы	бу́дете	де́лать
он	бу́дет	де́лать	они́	бу́дут	де́лать

他の動詞もこのように変化します。**変化するのは быть だけです。**

● よくある間違いは、不定形の部分を現在変化させてしまうことです。注意しましょう。

　－ За́втра что вы бу́дете де́лать?　　明日は何をしますか。
　－ Я бу́ду рабо́тать, и по́сле*¹ рабо́ты бу́ду танцева́ть на дискоте́ке.*²
　　　　　　　　　　　*¹〈＋чего́ 生格〉…のあとで　*²＜ дискоте́ка
　　働いて、仕事のあとはクラブで踊るでしょうね。

6 時制のまとめ（ふつうの動詞）

рабо́тать を例にして、ふつうの動詞の現在・過去・未来の表現を見ましょう。

（現在）Я рабо́таю. 私は働きます。
（過去）Я рабо́тал.* 私は働きました。（*я ＝女性なら -ла）
（未来）Я бу́ду рабо́тать. 私は働くでしょう。

7 с ＋造格 / чем － кем 「…とともに」

前置詞 с ＋造格は「…とともに」「…入りの」の意味を表します。с は後ろにくる単語の綴りによって、со になることがあります。*
*с 以外の前置詞も形が変わることがあります。

с　кем・人の造格

с дру́гом Ива́ном　友だちのイワンと
с сестро́й Ни́ной　姉（妹）のニーナと
со мной　私と
с друзья́ми*　友人たちと
＊ ＜ друзья́

人称代名詞の造格

я	мной
ты	тобо́й
он/оно́	им
она́	ей
мы	на́ми
вы	ва́ми
они́	и́ми

с　чем・ものの造格

Я пью ко́фе { с са́харом.　砂糖入り　} コーヒーを飲む。
　　　　　 { со сли́вками.* クリーム入り } ＊ ＜ сли́вки（複数）
мя́со с карто́шкой*　じゃがいもを付け合わせた肉（料理）＊ ＜ карто́шка

複数の造格形語尾は -ами または -ями です。

基本例文②のように「私と友人」と言う場合は <u>мы</u> с дру́гом といいます。

пить（飲む）：пью、пьёшь、пьёт、пьём、пьёте、пьют

8 曜日の言い方・聞き方　　CD 72

「…曜日に」は **в**＋**対格**で表します。ただし、「火曜日に」では в ではなく、во になります。

…曜日		…曜日に
月	понеде́льник	в понеде́льник
火	вто́рник	во вто́рник
水	среда́	в сре́ду
木	четве́рг	в четве́рг
金	пя́тница	в пя́тницу
土	суббо́та	в суббо́ту
日	воскресе́нье	в воскресе́нье

● 女性名詞対格だけ語尾が -a → -y になるので気をつけましょう。また、前置詞 в の音は後ろの無声子音によって［ф］になることも思い出してください。

「何曜日？」は Како́й день? で聞きます。

Како́й сего́дня день?　　－ Сего́дня суббо́та.
　今日は何曜日ですか。　　　今日は土曜日です。

Како́й день бу́дет за́втра? － За́втра бу́дет суббо́та.
　明日は何曜日でしょうか。　　明日は土曜日でしょう。

練習問題・УПРАЖНЕНИЕ

1、例にならって、**быть** の未来形を使ってつぎの文を未来の形にしましょう。

　　例　Я до́ма. → Я бу́ду до́ма.

① Он свобо́ден. _____

② Мы за́няты. _____

③ Вы до́ма? _____

④ Ва́ши роди́тели до́ма? _____

⑤ Хо́лодно. _____

2、かっこ内の動詞を未来形にしましょう。意味も考えてください。

① Что вы（де́лать）_____ за́втра

　ве́чером?（意味）_____

② Я（чита́ть）_____

　　　　（意味）_____

③ Ско́ро они́（жить）_____ здесь?

　（意味）_____

④ В бу́дущем* она́（учи́ться）_____ в

162

Токио. * 将来（意味）＿＿＿＿＿＿＿＿＿＿＿＿＿＿＿＿＿

⑤ Послезáвтра* мы не（рабóтать）＿＿＿＿＿＿＿＿＿＿＿＿＿＿

* 明後日（意味）＿＿＿＿＿＿＿＿＿＿＿＿＿＿＿＿＿＿

3、例にならってвまたはвоをつけて曜日を対格にし、意味を書きましょう。

　　例　воскресéнье　　в воскресéнье　日曜日に

① суббóта

② четвéрг

③ средá

④ понедéльник

⑤ пя́тница

⑥ втóрник

4、つぎの下線部の語を造格にしましょう。意味も考えましょう。

① Я бу́ду слу́шать му́зыку с друг ＿＿＿＿＿＿＿ ．

（意味）＿＿＿＿＿＿＿＿＿＿＿＿＿＿＿＿＿＿＿＿

② С кто ＿＿＿＿ вы бу́дете на концéрте?

（意味）＿＿＿＿＿＿＿＿＿＿＿＿＿＿＿＿＿＿＿＿

③ Они́ бу́дут игра́ть в хокке́й* с друзья́ ....

＊ホッケー（意味）_____

④ Вы пьёте чай с молоко́ .... ?

（意味）_____

⑤ Я ча́сто ем мя́со с карто́шка ....

（意味）_____

5、つぎの文をロシア語にしましょう。

①月曜日、私は家にいるでしょう。あなたがたは？

_____

②私たちは働くでしょうね。

_____

【第20課の解答】

1、① Он бу́дет свобо́ден. ② Мы бу́дем за́няты. ③ Вы бу́дете до́ма? ④ Ва́ши роди́тели бу́дут до́ма? ⑤ Бу́дет хо́лодно.

2、① бу́дете де́лать 明日の夕方、あなたは何をするのでしょうか。② бу́ду чита́ть 私は読書するでしょう。③ бу́дут жить まもなく、彼らはここに住むのですか。④ бу́дет учи́ться 将来、彼女は東京で学ぶでしょう。⑤ бу́дем рабо́тать 明後日、私たちは働かないでしょう。

3、① в суббо́ту 土曜日に ② в четве́рг 木曜日に ③ в сре́ду 水曜日に ④ в понеде́льник 月曜日に ⑤ в пя́тницу 金曜日に ⑥ во вто́рник 火曜日に

4、① дру́гом 私は友人と音楽を聞きましょう。② кем あなたは誰とコンサートに行くのですか。③ друзья́ми 彼らは友人たちとホッケーをするでしょう。④ молоко́м あなたはミルクティーを飲みますか。④ карто́шкой 私はじゃがいもをつけ合わせた肉料理をよく食べます。

5、① В понеде́льник я бу́ду до́ма. А вы? ② Мы бу́дем рабо́тать.

第21課 動詞の不完了体・完了体　CD 73

この課の基本例文

① － Что вы де́лали вчера́ ?　　　昨日は何をしていましたか。

－ Вчера́ весь день я чита́л рома́н.

　　　　　　　　　　　　　　　一日中、小説を読んでいました。

－ Вы его́ прочита́ли?　　　　　最後まで読みましたか。

－ Ещё не прочита́л. Он о́чень дли́нный.

　　　　　　　　　　　　　　　いいえ、まだ読み終えていません。

　　　　　　　　　　　　　　　とても長いので。

② － Что вы бу́дете де́лать за́втра?　明日は何をするのですか。

－ За́втра я бу́ду чита́ть. Я прочита́ю э́ту по́весть до конца́.

　　　　　　　　　　　　　　　明日は読書します。この中編

　　　　　　　　　　　　　　　（小説）を読み上げましょう。

語句　□ весь день 一日中　□ рома́н 長編小説　□ прочита́ть（完）読む
　　□ дли́нный 長い　□ э́ту < э́та この　□ по́весть 女 中編小説　□ до
　< чего́ 生格 > まで　□ конца́ < коне́ц 終わり

文法と用例　覚えておきたいこと

　この課では動詞の体について学びます。始めは説明がわかりにくいと思いますが、ロシア語の文章を見ていくと理解できます。練習問題をしっかりやりましょう。

1 不完了体動詞と完了体動詞

　すべてのロシア語の動詞は、不完了体か完了体のいずれかに属しています。これまで学んだ動詞は、ほとんど不完了体です。不完了体動詞は、それ自体では**「終わる」とか「完結する」というニュアンスを含みません**。それに対し完了体は**「終わる」ことを積極的に示します**。多くの動詞は不完了体・完了体の対をなしていて、継続する行為を示すときは不完了体、完了した行為を表すときは完了体、というふうに使い分けます。対をなさない動詞もあります。

　本書では、初出の完了体動詞には（完）とつけてあります。

2 不完了体と完了体の形　　CD 74

　まず、対をなす動詞の形を見ましょう。対の形は、①前が違う、②後ろが違う、③全部が違う、の3つに分けられます。

不完了体		完了体	意味
① писа́ть	—	написа́ть	書く
чита́ть	—	прочита́ть	読む
рисова́ть	—	нарисова́ть	描く
② встава́ть	—	встать	起きる
реша́ть	—	реши́ть	解く、決める
③ говори́ть	—	сказа́ть	言う
брать	—	взять	とる

●③のような対はわずかですが、使用頻度が高く、変化も基本型と違うものが多いので注意しましょう。

3 不完了体と完了体が表す意味

不完了体と完了体の表す意味は、だいたい以下のようになります。

不完了体：	行為そのもの、進行中の行為、反復・習慣的な行為
完了体：	完了した行為、行為の結果、1回・具体的な行為

4 完了体過去形

完了体過去形は**不完了体過去形と同じように**（12課 1 参照）**作ります**。過去における不完了体と完了体を比べてみましょう。

читáть － прочитáть

（不完了体）Вчерá весь день я читáл ромáн.
昨日、私は一日中、長編小説を読んでいた。　［進行中の行為］
（完了体）Вчерá я прочитáл ромáн.
昨日、私は長編小説を読み終えた。　［完了した行為］

рисовáть － нарисовáть

（不完了体）Лéтом он всегдá рисовáл.
夏に彼はいつも絵を描いていた。　［習慣的行為］
（完了体）Лéтом он нарисовáл пять картѝн.
夏に彼は5枚の絵を描き上げた。　［結果が重視される行為］

звонѝть － позвонѝть

（不完了体）Онá емý звонѝла три рáза.
彼女は彼に3回、電話した。　［反復行為］
（完了体）Вéчером онá емý позвонѝла.
夕方、彼女は彼に電話した。　［1回、具体的行為］

5 完了体未来形

完了体動詞の未来形は、不完了体動詞の未来形とまったく違います。形としては、不完了体**現在**と同じです。しかし、意味は未来です。つぎの文で未来時制における

不完了体・完了体動詞の形と意味を見ましょう。

читáть － прочитáть

（不完了体）Зáвтра я бу́ду читáть.　　　　　［行為そのもの］
　明日、私は読書するでしょう。
（完了体）Зáвтра я прочитáю эту́ пóвесть до концá.　　［未来における完了］
　明日、私はこの中編小説を最後まで読みます。

6 不完了体と完了体の時制と形

不完了体と完了体の時制と形を читáть（不完）— прочитáть（完）（読む）を例にした表で確かめましょう。

不定形	現在	過去	未来
читáть（不完）	я читáю	читáл/ла	бу́ду читáть
прочитáть（完）	なし	я прочитáл/ла	прочитáю

7 不完了体が並ぶとき、完了体が並ぶとき

不完了体動詞が並んでいるときは、行為が同時進行しています。これに対し、完了体動詞が並んでいるときは、1つの行為が終わってから、つぎの動作が始まって終わることを示します。

不完了体が並ぶ　Николáй смотрéл телеви́зор и у́жинал.
　　　　　　　　ニコライはテレビを見ながら夕食を食べた。
完了体が並ぶ　Николáй посмотрéл телеви́зор и поу́жинал.
　　　　　　　　ニコライはテレビを見て（見終わってから）、夕食を食べた。

8 весь「すべて、全部」

весь は「すべて、全部」の意味で、性・数4つの形を持っています。

весь мир（全世界）　　вся странá（全国）

всё те́ло（全身）　　все лю́ди（すべての人々）

весьは格変化します（付表参照）。基本例文①のвесь деньはどちらも対格になって、「一日中」という時を表します。

Всё у́тро я реша́л зада́чу и наконе́ц её реши́л.
午前中ずっと、私は問題を解いていて、ついにそれを解き終えた。

＜語彙をふやしましょう＞動詞は対で覚えよう

不完了体　　　完了体

- [ ] учи́ть — вы́учить（覚える）
- [ ] пить — вы́пить（飲む）
- [ ] де́лать — сде́лать（行う）
- [ ] есть — съесть（食べる）
- [ ] за́втракать — поза́втракать（朝食をとる）
- [ ] обе́дать — пообе́дать（昼食をとる）
- [ ] у́жинать — поу́жинать（夕食をとる）
- [ ] звони́ть — позвони́ть（電話する）
- [ ] гото́вить — пригото́вить（準備する）
- [ ] слу́шать — послу́шать（聞く）
- [ ] смотре́ть — посмотре́ть（見る）
- [ ] принима́ть — приня́ть（受ける、服用する）
- [ ] встреча́ть — встре́тить（会う）
- [ ] отвеча́ть — отве́тить（答える）
- [ ] спра́шивать — спроси́ть（尋ねる）
- [ ] пока́зывать — показа́ть（示す）
- [ ] расска́зывать — рассказа́ть（物語る）
- [ ] забыва́ть — забы́ть（忘れる）
- [ ] дава́ть — дать（与える）
- [ ] понима́ть — поня́ть（理解する）
- [ ] покупа́ть — купи́ть（買う）
- [ ] отдыха́ть — отдохну́ть（休む）
- [ ] начина́ть — нача́ть（始める）
- [ ] получа́ть — получи́ть（受け取る）
- [ ] лови́ть — пойма́ть（つかまえる）

練習問題・УПРАЖНЕНИЕ

1. 日本語の文になるように、かっこのなかの動詞の体を選びましょう。

① － Га́ля, ты уже́ (учи́ла － вы́учила) но́вые слова́?
　－ Я (учи́ла － вы́учила)、но не (учи́ла － вы́учила). Они́ о́чень тру́дные.
「ガーリャ、新しい単語はもうすっかり覚えたの？」「覚えたことは覚えたけど、すっかり覚えてはいないわ。とてもむずかしい単語なの」

② － Что де́лал кот?　－ Кот (пил － вы́пил) молоко́.
　－ А где молоко́?　－ Кот (пил － вы́пил) молоко́.
「猫は何をしていたの？」「ミルクを飲んでいたよ」「で、ミルクはどこにあるの？」「猫が飲んでしまったよ」

③ － Оле́г Никола́евич, вы (бу́дете обе́дать － пообе́даете)?
　－ Спаси́бо, я уже́ (обе́дал － пообе́дал).「オレグ・ニコライヴィチ、お食事はいかがですか」「ありがとう、私はもうすませました」

④ О́льга обы́чно встаёт* ра́но у́тром. Но сего́дня она́ (встава́ла － вста́ла) по́здно.　＊＜ встава́ть 起きる
オリガはいつも、朝早く起きます。でも、今日は遅く起きました。

⑤ Мы бы́ли о́чень за́няты и совсе́м (устава́ли － уста́ли*).
私たちはとても忙しくて、すっかり疲れてしまいました。

　　　　　　　　　　　　　　　　　＊＜ уставать － уста́ть（疲れる）

2、例にならって、「なぜ…しないの？」の問いに完了体過去形を使って「なぜなら、もう…しましたから」と答えましょう。

　例　Почему́ ты не смо́тришь э́тот фильм? (посмотре́ть) なぜ、この映画を見ないの？　Потому́ что я уже́ посмотре́ла. 見てしまったからよ。

① Почему́ они́ не пьют ко́фе?（вы́пить）
　（なぜ、彼らはコーヒーを飲まないのですか）
　Потому́ что _____

② Почему́ Ле́на не де́лает упражне́ние?（сде́лать）
　（なぜ、レーナは練習問題をやらないのですか）
　Потому́ что _____

③ А́ня, И́ра, почему́ вы не за́втракаете?（поза́втракать）
　（アーニャ、イーラ、あなたがたはなぜ朝食をとらないのですか）
　Потому́ что _____

3、例にならって「まだ…しなかったのですか」の問いにかっこ内の完了体動詞未来形を使って「いいえ、でも必ず…します」と答えましょう。**вы** の問いには **я** で答えましょう。

　例　Ива́н ещё не покупа́л биле́т?（купи́ть）　イワンはまだチケットを買っていなかったのですか。

　　Нет, но обяза́тельно <u>он ку́пит.</u> いいえ、でも必ず買います。

① Вы ещё не гото́вили у́жин?（пригото́вить [2]）
　（まだ、夕食の準備をしていなかったのですか）

　Нет, но обяза́тельно _____ .

② Они́ ещё не писа́л пи́сьма?（написа́ть）
　（彼らは、まだ手紙を書いていなかったのですか）

　Нет, но обяза́тельно _____ .

③ Вы ещё не покупа́ли пода́рок?（купи́ть）
（あなたはまだ贈り物を買っていなかったのですか）

Нет, но обяза́тельно _____ .

【第21課の解答】

1、① вы́учила、учи́ла、вы́учила ② пил、вы́пил ③ бу́дете обе́дать、пообе́дал ④ вста́ла ⑤ уста́ли

2、① они́ уже́ вы́пили. ② она́ уже́ сде́лала. ③ мы уже́ поза́втракали.

3、① я пригото́влю. ② они́ напи́шут. ③ я куплю́.

第22課　命令法　CD 76

この課の基本例文

① Же́ня, послу́шай. Э́то изве́стная о́пера «Бори́с Годуно́в».

　　　　　　　　　　　ジェーニャ、聞いてごらん。

　　　　　　　　　　　有名なオペラ『ボリス・ゴドゥ

　　　　　　　　　　　ノフ』だよ。

② Посмотри́те, пожа́луйста, э́ту ка́рту. Вот наш го́род.

　　　　　　　　　　　この地図を見てください。

　　　　　　　　　　　これが私たちの町です。

③ ― Све́та, дава́й пойдём в кино́!　スヴェータ、映画に行こうよ。

　― Не могу́. Мне на́до гото́вить докла́д.

　　　　　　　　　　　行けないわ。報告を準備しなく

　　　　　　　　　　　てはならないのよ。

　― О́чень жаль.　　　　それは残念だな。

語句　□ послу́шай < послу́шать 聞く　□ посмотри́те < посмотре́ть 見る　□ дава́йте < дава́ть 与える　□ пойдём < пойти́（完）出かける：пойду́、пойдёшь、пойдёт、пойдём、пойдёте、пойду́т　□ кино́（不変化）映画　□ могу́ < мочь できる　□ на́до ･･･する必要がある　□ докла́д 報告　□ жаль 残念だ

文法と用例　覚えておきたいこと

　この課では、命令法について学びます。動詞の命令形は不完了体・完了体両方の動詞から作ることができます。**3つの型があります。**

　命令形を使った勧誘の表現、無人称述語も学びましょう。

1 命令形の作り方

不完了体動詞の命令形は現在語幹*から、完了体動詞は未来語幹*から作ります。完了体動詞から作られる命令形に完結の意味はなく、具体的な依頼、と思ってください。3つの型の作り方を表で見ましょう。

現在語幹・未来語幹	命令形の形
①母音で終わるもの	語幹 + й (те)
②子音で終わるもの（A）яの変化形のアクセントが語尾にあるもの	語幹 + и́ (те)
③子音で終わるもの（B）яの変化形のアクセントが語幹にあるもの	語幹 + ь (те)

　どの型も後ろに -те をつけると、вы に対する命令形になります。

● ①と②-（A）の型が多数です。まず、この2つの型を覚えましょう。

* 現在語幹・未来語幹とは、単数2人称（ты）の変化の形から変化語尾 -ешь、-ишь などをとった形をいいます。次の項で具体的に見ていきましょう。

2 ①現在語幹・未来語幹が母音で終わる動詞

　現在語幹・未来語幹が**母音で終わる**動詞の命令形は語幹に й をつけます。

послу́шать：послу́ша・ешь → послу́шай (те)　　聞きなさい
чита́ть：чита́・ешь → чита́й (те)　　読みなさい
стоя́ть：сто・и́шь → сто́й (те)　　止まりなさい

　дать（与える・完）の命令形も -й (те) の語尾ですが、不規則な未来変化です。命令形は「〜をください（貸してください）」となるので、とてもよく使います。

дать：**дам、дашь、даст、дади́м、дади́те、даду́т** 命令形：**да́й (те)**

Да́йте мне, пожа́луйста, ко́фе.　私にコーヒーをください。
Дай, пожа́луйста, уче́бник.　　　　教科書を貸してよ。

3 ②現在語幹・未来語幹が子音で終わる動詞（A）-я の変化形のアクセントが語尾にあるもの

　現在語幹・未来語幹が子音で終わり、я の変化形のアクセントが語尾にあるとき、-и（те）をつけます。и の上に必ずアクセントがあります。

現在（未来）語幹末が子音→я の変化形のアクセントが語尾にある→и́（те）をつける
посмотре́ть：посмо́тр・ишь → посмотрю́ → посмотри́（те）見なさい
писа́ть：пи́ш・ешь → пишу́ → пиши́（те）書きなさい

сказа́ть：ска́ж・ешь → скажу́ → скажи́（те）話しなさい
сказа́ть：**скажу́、ска́жешь、ска́жет、ска́жем、ска́жете、ска́жут**

　基本例文②で使い方を確認しましょう。
　-й（те）型で会話によく使われるのは、сказа́ть の命令形 скажи́те です。すでに第4課の会話表現で学びました。直訳すると「言ってください」となるのです。

　Скажи́те, пожа́луйста, где ка́сса?　すみません、レジはどこですか。

4 ③現在語幹・未来語幹が子音で終わる動詞（B）-я の変化形のアクセントが語幹にあるもの

　現在語幹・未来語幹が子音で終わり、я の変化形のアクセントが語幹にあるときは -ь（те）をつけます。

現在（未来）語幹末が子音→я の変化形のアクセントが語幹にある→ ь（те）をつける
познако́миться*：познако́м・ишься → познако́млюсь → познако́мься（тесь）　　　　　　　　　　　　　　　　知り合いになりなさい
гото́вить：гото́в・ишь → гото́влю → гото́вь（те）　　　　準備しなさい
＊ -ся 動詞の命令形は -ся をとってふつうの動詞と同じように作り、-ся を戻します。そのとき、-ся の前が母音の場合は − сь を戻します。

5 давай(те) を使った「…しよう」の表現　　CD 77

不完了体動詞 давáть の命令形 давáй(те)* に完了体未来時制の1人称複数(мы)の変化形をつけると、「…しよう」の意味になります。

Давáйте познакóмимся! Меня́ зову́т А́нна.
友だちになりましょうよ。　　私はアンナよ。（第4課基本例文参照）

Давáй пойдём в кинó.　　映画に行こうよ。

＊ -авать 語尾の動詞は以下のように変化します。命令形は現在語幹からではなく、不定形から -ть をとって -й(те) をつけます。

давáть：даю́、даёшь、даёт、даём、даёте、даю́т、命令形：давáй(те)

● 完了体動詞の1人称複数形だけの形も「…しよう」の意味を表します。

6 мочь（…できる）の変化（（完）смочь）　　CD 78

基本例文③の могу́ の不定形は мочь「…できる」で、動詞の不定形を伴って使われます。基本例文のように動詞の不定形が省略されることもあります。

мочь		過去形 мог　могла́
я могу́	мы мóжем	могло́　могли́
ты мóжешь	вы мóжете	смочь（完）の変化は未来形・過去
он мóжет	они́ мóгут	形ともに前に с をつけます。

Тепéрь я могу́ отдыха́ть.　　いま、私は休息できます。

7 無人称述語　　CD 79

無人称述語には形容詞短語尾中性形の他に、基本例文③の на́до を含め、以下のようなものがあります。ふつう動詞の不定形を伴って使われます。時制・主体の表し方は形容詞短語尾中性形が無人称述語になったときと同じです（第19課 5 参照）。

| мо́жно：…できる |
| нельзя́：…してはいけない |
| 　　　　（＋完了体動詞）…できない |
| на́до：…する必要がある |
| ну́жно：…する必要がある |

- Мне мо́жно кури́ть?
  私は煙草を吸ってもいいですか。
- Нет, нельзя́.　いいえ、いけません。
  Ну́жно бы́ло купи́ть биле́т.
  切符を買う必要があった。

練習問題・УПРАЖНЕНИЕ

1．つぎの不完了体・完了体動詞の **вы** に対する命令形を書きましょう。

① читáть _____ прочитáть _____

② дéлать _____ сдéлать _____

③ говорúть _____ сказáть _____

④ смотрéть _____ посмотрéть _____

⑤ давáть _____ дать _____

2、次の文を訳しましょう。

① Напишúте, пожáлуйста, здесь.

② Дáйте мне, пожáлуйста, газéту.

③ Купúте свой* билéт.

④ Прочитáйте текст*.

⑤ Послýшай эту пéсню.

＊③「自分の」、性・数による４つの形：свой、своя́、своё、свои́

３、つぎの日本文になるように無人称述語を入れましょう。

① Вам .... изуча́ть матема́тику.
　　　　　　　あなたは数学を勉強する必要がある。

② .... реши́ть э́ту зада́чу.
　　　　　　　この問題を解くのは不可能だ。

③ Не .... спеши́ть.
　　　　　　　急ぐ必要はありません。

④ Тебе́ .... игра́ть здесь.
　　　　　　　おまえは、ここで遊んでいいよ（遊べるよ）。

４、つぎの文をロシア語にしましょう。

①すみません、地下鉄の駅（ста́нция метро́）はどこですか。

②お茶を飲みましょうよ。

　駄目（できない）だわ。私は忙しいの。

【第22課の解答】

1、① чита́йте － прочита́йте ② де́лайте － сде́лайте ③ говори́те － скажи́те ④ смотри́те － посмотри́те ⑤ дава́йте － да́йте

2、①ここに書いてください。②私に新聞をください。③自分の切符を買ってください。④テキストを読んでください。⑤この歌を聞いてごらん。

3、① ну́жно/на́до ② Нельзя́ ③ ну́жно/на́до ④ мо́жно

4、① Скажи́те, пожа́луйста, где ста́нция метро́? ② Дава́йте вы́пьем чай! － Не могу́.（または Не мо́жно.）Я занята́.

第23課 時間の表現・年齢の表現 CD 80

この課の基本例文

① － Извини́те, ско́лько сейча́с вре́мени?

　　　　　　　　　　　　　　すみません、いま、何時でしょうか。

　－ Сейча́с ро́вно семь часо́в.　ちょうど、7時です。

　－ Когда́ обы́чно открыва́ется э́та столо́вая?

　　　　　　　　　　　　　　この食堂はいつも何時に開くので

　　　　　　　　　　　　　　すか。

　－ В во́семь часо́в.　　　　　8時に開きます。

② － Де́душка, ско́лько тебе́ лет?　おじいちゃん、何歳なの？

　－ Я ещё молодо́й. Мне 81 год.　わしはまだ、若いよ。81歳さ。

　－ А ско́лько мне лет?　　　じゃ、あたしはいくつ？

　－ Тебе́? Ты уже́ больша́я. Тебе́ 3 го́да.

　　　　　　　　　　　　　　おまえかね。もう、大きいぞ。お

　　　　　　　　　　　　　　まえは3歳だ。

語句 □ вре́мени < вре́мя 時間　□ ро́вно ちょうど　□ часо́в < час 時、時間　□ обы́чно 普段　□ открыва́ется < открыва́ться [1] 開く　□ лет < год 歳、年　□ ещё まだ

文法と用例　覚えておきたいこと

この課では数詞を使った、時間と年齢（年数）の表現を学びます。第17課の「数詞と名詞」も復習しましょう。

1 「（いま）何時ですか」　　　CD 81

「（いま）何時ですか」は、つぎの2つの言い方で聞きます。

Скóлько（сейчáс）врéмени? = Котóрый（тепéрь）час?

2 時間の表現　　　CD 82

時	分
час（単・主）	минýта
часá（単・生）	минýты
часóв（複・生）	минýт

「時」は час、「分」は минýта です。規則通りに変化します。「分」は女性名詞なので、1、2が末尾にくるときには
однá минýта、две минýты です。

Скóлько сейчáс врéмени? － Сейчáс три часá.
　　いま、何時ですか。　　　いま、3時です。
Котóрый тепéрь час? － Час* двáдцать минýт.
　　いま、何時ですか。　　　1時20分です。*одúн は省略されます。

3 「…時に」

「…時に」は **в ＋数詞の対格＋ час / часá / часóв** で表します。数詞の対格は主格と同じです。「何時に？」は **В котóром часý?** です。基本例文のように **Когдá?**（いつ）も使います。

－ В котóром часý вы обы́чно встаёте*?
　　あなたはいつも何時に起きますか。
－ Я встаю́* в пять часóв утрá.
　　朝の5時に起きます。

＊＜ вставáть

4 継続時間は対格で

「…時間」は**数詞の対格＋час/часа́/часо́в**で表します。「何時間？」はСко́лько часо́в? で聞きます。

- Ско́лько часо́в вы рабо́тали? - Я рабо́тал семь часо́в.
  何時間、仕事しましたか。　　　　　　7時間働きました。
- А переры́в?　- Оди́н час.
  休憩は？　　　1時間です。

5 年齢の表現

基本例文②のように「何歳ですか」と聞くとき、主体は**与格**で表します。「…歳」は **год** で、この意味で用いられる場合、複数生格は **лет** という形です（単数生格は規則通り）。「何歳ですか」は ско́лько のあとなので、つねに複数生格の **лет** で尋ね、答えは数詞に応じて、год を変化させます。

Ско́лько вам лет? - Мне со́рок оди́н **год**.
　あなたは何歳ですか。　私は41歳です。
Ско́лько тебе́ лет? - Три **го́да**.
　きみは何歳なの？　　3歳よ。
Ско́лько лет Анто́ну? - Ему́ двена́дцать **лет**.
　アントンは何歳ですか。　彼は12歳です。

6 год を使ったその他の表現

год は「年」の意味も持ち、「…年間」は「…時間」と同様に数詞の対格で表します。

- Ско́лько лет вы изуча́ли ру́сский язы́к?
  あなたは何年間ロシア語を勉強しましたか。
- Два го́да.　2年間です。

「…月間」、「…日間」も同じように表します。

Ско́лько ме́сяцев*...? － Три ме́сяца.　　　　＊＜ ме́сяц の複数生格
何ヵ月間…ですか。　　　　　3ヵ月間です。

Ско́лько дней*¹...? － Четы́ре дня*².　　　　*¹＜ день の複数生格
何日間…ですか。　　　　　4日間です。　　　　　　　　*²＜ день の単数生格

7 形容詞の形をした名詞

　名詞のなかには基本例文①の столо́вая（食堂）のように形容詞の形をしたものがあります。すでに出ている（第6課 5 参照）ру́сский（ロシア人男性）、ру́сская（ロシア人女性）もこのタイプです。他に но́вое（新しいこと）、моро́женое（アイスクリーム）、рабо́чий（労働者）などがあります。これらの**名詞は形容詞と同じ格変化**をします。

　Тепе́рь Ко́ля в столо́вой.　コーリャはいま、食堂にいます。

練習問題・УПРАЖНЕНИЕ

1、例にならって、かっこ内の数字に時間の単位を変化させ、必要なら в をつけて、質問に答えましょう。

例　Ско́лько сейча́с вре́мени？（2:05）2 часа́ 5 мину́т.
　　いま、何時ですか。　　　　　　　　2 時 5 分です。

　　В кото́ром часу́ вы за́втракаете？（7:00）В 7 часо́в.
　　何時に朝ごはんを食べるのですか。　　　　7 時にです。

① Ско́лько сейча́с вре́мени？（1:05）

② Ско́лько сейча́с вре́мени？（3:10）

③ В кото́ром часу́ вы умыва́ете*？（6:00）　*顔を洗う

④ В кото́ром часу́ открыва́ется э́тот бар*？（22:00）*バー、スナック

⑤ Когда́ он у́жинает？（18:00）

2、かっこ内の代名詞を与格にし、**год** を適当な形にして年齢の表現を作りましょう。

① （Я）.................. 20（год）＿＿＿＿＿＿＿＿＿＿ .

② （Он）.................. 31（год）＿＿＿＿＿＿＿＿＿＿ .

③（Ты）..................... 4（год）_____.

④（Вы）..................... 77（год）_____.

⑤（Виктор）...................5（год）_____.

3、つぎの文をロシア語にしましょう。

①いま、何時ですか。4時です。

_____

②何時にこの食堂は開きますか。　7時に開きます。

_____

③あなたはおいくつですか。　　私は82歳です。

_____

【第23課の解答】

1、① Час 5 минут. ② 3 часа 10 минут. ③ В 6 часов. ④ В 22 часа. ⑤ В 18 часов.

2、① Мне、лет ② Ему、год ③ Тебе、года ④ Вам、лет ⑤ Виктору、лет

3、①Сколько сейчас времени? Который теперь час?(どちらでもよい) 4 часа. ② В котором часу открывается эта столовая? － В 7 часов. ③ Сколько вам лет? － Мне 82 года.

CD 83

第24課 移動の動詞(2)・接頭辞＋移動の動詞

この課の基本例文

① － Вы часто летáете на самолёте?
　　　　　　　　　あなたはよく飛行機で行くのですか。

　－ Да, чáсто. В этот раз я лечý в Узбекистáн.
　　　　　　　　　はい、よく行きます。今回はウズベキスタンに飛びます。

② － Áня, когдá ты пришлá домóй вчерá?
　　　　　　　　　アーニャ、昨日は何時に家に着いたの？

　－ Тóчно не пóмню, но навéрное часóв в одúннадцать.
　　　　　　　　　よく覚えていないけど、たぶん11時頃よ。

③ － Ты знáешь, где сейчáс Сáша?　サーシャはいま、どこにいるの？
　－ Он поéхал в Нóвгород.　　　　彼はノヴゴロドに出かけたわ。

(語句) □ летáете < летáть [1]（不定方向に）飛ぶ　□ самолёте < самолёт 飛行機　□ в этот раз 今回は　□ лечý < летéть（一定方向に）飛ぶ　□ пришёл < прийтú 到着する　□ тóчно 正確に　□ пóмню < пóмнить [2] 記憶する、出発する　□ навéрное たぶん　□ часóв в одúннадцать（この語順だと）11時頃に　□ поéхал < поéхать 出発する

189

文法と用例　覚えておきたいこと

　この課では、移動の動詞と接頭辞のついた移動の動詞を学びます。1つ1つ、ゆっくり理解していってください。第14課「移動の動詞」を見直しましょう。

■1 定動詞と不定動詞

　第14課で学んだ идти・ехать のように一定方向の動きを表す動詞を**定動詞**と呼び、ходить・ездить のように反復・往復の動きを表す動詞を**不定動詞**と呼びます。不定動詞は一定しない動きや能力も表します。**定動詞 − 不定動詞**の対を持つ移動の動詞は他にもいくつかあり、すべて**不完了体動詞**です。「飛ぶ」летéть **定** − летáть［1］**不定**と「走る」бежáть **定** − бéгать［1］**不定**を見ましょう。

■2 летéть − летáть（飛ぶ）と бежáть − бéгать（走る）

　летéть は2式の歯音変化（第14課■1 参照）です。бежáть は以下のような不規則変化です。

бежáть：бегý、бежи́шь、бежи́т、бежи́м、бежи́те、бегýт

|定| Пти́цы летя́т на юг.　鳥は南へ飛んでいく。
|不定|Пти́цы летáют по* нéбу.　空一面、鳥が飛ぶ。
　　　　　＊＜＋ чему 与格＞…をくまなく

|定| Дéвушка бежи́т в парк.　娘は公園へ走ってゆく。
|不定|Дéвушка всегдá бéгает.　娘はいつも走っている。

●東西南北は前置詞 на とともに用いられます。

　　東：восто́к　　西：зáпад　　南：юг　　北：сéвер

■3 移動の動詞の体 −定・不定動詞に接頭辞がつくと　　CD 84

　定動詞 − 不定動詞の区別のある動詞に**同じ接頭辞**がつくと、新しい意味の動詞の**完了体−不完了体**の対ができます。定動詞からは完了体が、不定動詞からは不完了体ができます。接頭辞がつくと、**定動詞 − 不定動詞**の区別はなくなります。

たとえば、

<接頭辞 при（来る）が идти – ходить, éхать – éздить につくと>

定 идти［一定方向に行く］ －	不定 ходить［不定方向に行く］
⇓ 綴りが йти に変わる ⇓ ⇓	⇓
（完）прийти［来る・完了］ －	（不完）приходить［来る・反復等］

　　　　　　　　　　　　　　　　　　　　　　　　　　　　　}徒歩で

Он часто приходил к нам в гости.　彼はよく、うちに遊びに来ていた。
Вчера он пришёл к нам в восемь часов.
　　　　　　　　　　　　　　　　昨日、彼は 8 時にうちにやって来た。

定 éхать［一定方向へ行く］ －	不定 éздить［不定方向へ行く］
⇓ ⇓	⇓ 綴りが езжать に変わる ⇓
（完）приéхать［来る・完了］ －	（不完）приезжáть [1]［来る・反復等］

　　　　　　　　　　　　　　　　　　　　　　　　　　　　　}乗って

Каждый год туристы приезжают из Японии, и в этом году скоро они приедут.
　毎年、観光客が日本から来ます、今年もまもなくやって来ます。

< прийти の変化 >

я приду́　мы придём ты придёшь　вы придёте он придёт　они́ приду́т	過去形 пришёл　пришла́ пришло́　пришли́	●現在変化に注意しましょう。й がとれます。

過去は при- に идти（行く）の過去変化形がついた（第14課 **2** 参照）形です。

4 приéхать（完）を使った表現 — откуда「どこから？」と「…から」

　Откуда вы приехали?　　　　「あなたは、どこから来たのですか」は、出身地を尋ねる決まり文句としてよく使われます。これに対する答えの「…から」は前置詞 из または с を用います。「…で」「…へ」というとき、в を用いた単語には из を使い、на を用いたものには с を使います（第11課囲み参照）。この場合、

из も с も **生格**を要求します。

Я приéхал из Москвы́.　　私はモスクワから来ました。
Я приéхал с Урáла.　　　私はウラルから来ました。

5 пройти́（…へ(徒歩で)行く）と дойти́（…まで(徒歩で)行く）

完了体動詞 пройти́（接頭辞 про ＋ 定 идти́）と дойти́（接頭辞 до ＋ 定 идти́）は道を尋ねるときによく使われます。

Как пройти́ к* гости́нице ≪ Росси́я ≫?
　ロシアホテルへはどう行くのですか。　　＊前置詞‥へ＜＋ чемý 与格＞
Как дойти́ до* МГУ?
　モスクワ大学まではどう行くのですか。　＊前置詞‥まで＜＋ чегó 生格＞

●動詞の不定形は疑問詞とともに用いて「…すべき？」の意味になります。

6 完了体 − 不完了体の対を作らない接頭辞 по −

接頭辞 по は完了体 − 不完了体の対を作りません。定動詞につくと「出発する」の意味の**完了体動詞**を作り、不定動詞につくと「しばらく…する」の**完了体動詞**を形成します。どちらも**対の不完了体動詞を持ちません**。

「出発する」の意味の **по ＋定動詞**の**完了体動詞**は広く使われます。（идти́ に по がついた пойти́ の現在変化形は第 22 課基本例文 **語句** に出ています。過去形は пошёл、пошлá、пошлó、пошли́）

В котóром часý вы **пойдёте** из дóма? − В вóсемь часóв.
　あなたは何時に家を出るのですか。　　　　　8時です。
Зáвтра он **поéдет** в Петербýрг.
　明日、彼はペテルブルグに出発します。
В пя́тницу мы **полети́м** на Урáл.
　金曜日、私たちは（飛行機で）ウラルに出かけます。

7 пойти と поехать を用いた慣用表現

пойти と поехать の**複数過去形**は、単独で慣用的に用いられます。

Пошли! 　　さぁ、行こう！
Поехали!　　さぁ、始めましょう！

CD 85

＜語彙をふやしましょう＞接頭辞の意味

[＋ идти → － йти を例にして]

войти（なかへ）入る　　　　перейти（越えて）横切る
выйти（外へ）出る　　　　　подойти（近くへ）近づく
дойти（…まで）行き着く　　 пройти（通過して）ずっと行く
отойти（…から）離れる　　　уйти（遠くへ）去る

練習問題・УПРАЖНЕНИЕ

1、つぎのかっこ内の定動詞 ― 不定動詞から日本文に合うものを選んで、〇で囲みましょう。

① Вот птица（летит―летает）на север.
　ほら、鳥が北に飛んで行きます。

② Он часто（летит―летает）в Россию.
　彼はよく飛行機でロシアに行きます。

③ Мальчик（бежит―бегает）в парке.
　少年は公園で駆け回っている。

④ Тогда она（бежала―бегала）в аптеку.
　あのとき、彼女は薬局へ走っていくところだった。

2、つぎのかっこ内の完了体 ― 不完了体から日本文に合うものを選んで、〇で囲みましょう。

① Вчера я（пришёл － приходил）домой в шесть часов.
　昨夜、私は6時に家に着いた。

② Алёша иногда к нам（придёт － приходит）.
　アリョーシャは時々、うちにやって来る。

③ Каждое лето туристы（приедут － приезжают）из Пекина.
　毎夏、観光客が北京からやって来る。

④ Бабушка только что（приехала － приезжала）.
　おばあさんは、たったいま着きました。

⑤ Мы（приéхали － приезжáли）из Япóнии. А вы откýда?
　　ぼくらは日本から来ました。きみたちはどこから来たの？

３、つぎの文をロシア語にしましょう。

①彼は、きのうキエフ（Кúев）に出かけました。

―――――――――――――――――――――――――――――――

②あなたは、どこから来たのですか。日本からです。

―――――――――――――――――――――――――――――――

【第24課の解答】

１、① летúт ② летáет ③ бéгает ④ бежáла

２、① пришёл ② прихóдит ③ приезжáют ④ приéхала ⑤ приéхали

３、① Вчерá он поéхал в Кúев. ② Откýда вы приéхали？ － Из Япóнии.

第25課 比較級　　CD 86

> **この課の基本例文**
>
> ① （3人の会話）- Посмотри, какой у меня интересный журнал!
>   見てくれ、ぼくはなんと面白い雑誌を持っていることか。
>
> 　- А у меня ещё интереснее.
>   いや、ぼくはもっと面白いのを持ってるよ。
>
> 　- А у меня самый интересный.
>   いいや、私のが一番面白いぞ。
>
> ② - Как вы себя чувствуете сегодня?　今日の気分はどうですか。
>
> 　- Спасибо. Сегодня я чувствую себя лучше, чем вчера.
>   ありがとうございます。昨日より、いいです。

語句 □ какой...! なんと…な　□ интереснее < интересный　面白い　□ самый　もっとも　□ себя 自分自身を　□ чувствуете < чувствовать　感じる　□ лучше < хорошо　よい　□ чем　…より

文法と用例　覚えておきたいこと

　この課では形容詞と副詞の比較級を取り上げます。変化が少ないので、わかりやすいと思います。形容詞の最上級も学びます。

1 比較級の2つの形

　形容詞と副詞の比較級は同じです。おもな表し方は、①形容詞の語尾を **-ee にかえる**［単一比較級］、②そのままの形に **бо́лее** をつける［合成比較級］の2種類あります。形容詞 краси́вый と副詞 краси́во を例にすると、

　　　　　　　　［原級］　　　　　　　　　　　　［比較級］
形容詞　　Москва́ краси́вая.　→　① Москва́ краси́вее.
　　　　　　　　　　　　　　　↘　② Москва́ бо́лее краси́вая.
　　　　モスクワは美しい。　　　　　　モスクワは、より美しい。

副詞　　Она́ поёт*краси́во.　→　① Она́ поёт краси́вее.
　　　　　　　　　　　　　　　↘　② Она́ поёт бо́лее краси́во.
彼女は、きれいに（上手に）歌う。　　彼女は、よりきれいに（上手に）歌う。

　　　＊ **петь**（歌う）：пою́、поёшь、поёт、поём、поёте、пою́т

бо́лее はすべての形容詞と副詞につけられます。

2 規則的な単一比較級のアクセント

　形容詞の語尾を -ee にかえて作る規則的な単一比較級のアクセントはふつう、形容詞短語尾女性形のアクセントと同じになります。
　（単一比較級）интере́снее　←（短語尾・女）интере́сна（< интере́сный）
　　　　　　より面白い
　（単一比較級）нове́е　←（短語尾・女）нова́（< но́вый）
　　　　　　より新しい

3 不規則な単一比較級

単一比較級には以下のような不規則な形があります。

原級（形容詞／副詞）　　　　　単一比較級（より…な）

большо́й（大きい）
мно́го（多い） ⎱ бо́льше

> ●不規則といっても、語尾の形に共通性があります。

ма́ленький（小さい）
ма́ло（少し） ⎱ ме́ньше

хоро́ший/хорошо́（よい、よく）　　лу́чше
плохо́й/пло́хо（悪い、悪く）　　ху́же
ча́сто（しばしば）　　　　　　　ча́ще

4 比較の対象の表し方

「…より」と比較の対象を示すときは **,（コンマ）+ чем + 主格**で表します。

［単一］Во́лга длинне́е, чем Ока́.
［合成］Во́лга бо́лее дли́нный, чем Ока́. ⎱ ヴォルガ川はオカ川より長い。

単一比較級にかぎり、,чем を使わずに**生格**でも表せます。

Во́лга длинне́е Оки́.　ヴォルガ川はオカ川より長い。

5 形容詞の最上級

形容詞の最上級では、原級（長語尾）に **са́мый** をつける表現を学びましょう。
са́мый は飾る形容詞に合わせて**性・数・格の変化**（硬変化Ⅰ型）をします。

У меня́ са́мая интере́сная кни́га.
私が一番面白い本を持っている。
Э́тот ко́фе* са́мый вку́сный. このコーヒーが一番おいしい。
Га́ля вы́брала са́мую ма́ленькую ку́клу.
ガーリャはもっとも小さな人形を選んだ。

　　*ко́фе については、この課の **7** を見てください。

6 「気分がいい、悪い」 чу́вствовать себя́....

「気分がいい、悪い」とロシア語で表現するときは、動詞 **чу́вствовать** と「自分自身を」を意味する **себя́** を用いて「自分をよく感じる・悪く感じる」という言い方をします。

Я чу́вствую себя́ хорошо́.
  私は気分がいい。

Я чу́вствую себя́ лу́чше.
  私はいっそう気分がいい。

Он чу́вствовал себя́ пло́хо.
  彼は気分が悪かった。

Он чу́вствовал себя́ ху́же.
  彼は気分がいっそう悪かった。

● なお、**себя́** は対格の形です。主格の形はなく、他に себя́（生）、себе́（与）、собо́й（造）、(о) себе́（前）の形があります。辞書は **себя́** で引きます。

例　Ма́ша купи́ла себе́ кра́сное пла́тье.
  マーシャは自分自身に赤い服を買った。

7 不変化名詞

いくつかの外来語起源の名詞には、語形変化しないものがあります。これらを不変化名詞といいます。一般に -о, -е, 語尾の単語に多く見られます。また、кóфе は中性名詞ではなく男性名詞なので注意しましょう。不変化名詞には以下のようなものがあります。

кино́（中）映画、кафе́（中）カフェ、ко́фе（男）コーヒー、
меню́（中）メニュー、метро́（中）地下鉄、ра́дио（中）ラジオ、
такси́（中）タクシー

練習問題・УПРАЖНЕНИЕ

1、下線部の形容詞または副詞を、規則的な単一比較級に変えましょう。

① Москва́ краси́вая ...., чем Петербу́рг?

② Петербу́рг краси́вый ...., чем Москва́?

③ Вы у́мный* ...., чем я.　　＊賢い

④ Макси́м бе́гает бы́стро ...., чем Я́ков.

⑤ Га́ля говори́т ме́дленно ...., чем Ма́ша.

2、下線部の、,чем＋主格で表された比較の対象を生格にしましょう。

① Ла́ра говори́т по-япо́нски ху́же, чем Ни́на.

　　　　　　　　　　　　　　　　　　_____

② Анто́н говори́т по-англи́йски лу́чше, чем Ви́ктор.

　　　　　　　　　　　　　　　　　　_____

③ Я зна́ю бо́льше, чем вы. _____

3、つぎの文の形容詞の前に са́мый の適切な形を置いて、最上級の文を作りましょう。

① Э́тот ко́фе .... чёрный*.　＊黒い、濃い

② Э́та матрёшка* .... краси́вая. ＊マトリョーシカ人形

200

③ Э́тот пиро́г* .... све́жий. *パイ

④ Э́то молоко́ .... вку́сное.

⑤ Э́ти такси́ .... ую́тные*. *快適な

4、つぎの文をロシア語にしましょう。

① 今日の気分はいかがですか。

② ありがとう。昨日よりいいです。

【第25課の解答】

1、① краси́вее ② краси́вее ③ умне́е ④ быстре́е ⑤ ме́дленнее

2、① Ни́ны ② Ви́ктора ③ вас

3、① са́мый ② са́мая ③ са́мый ④ са́мое ⑤ са́мые

4、① Как вы себя́ чу́вствуете сего́дня? ② Спаси́бо. Лу́чше, чем вчера́.

第26課 関係代名詞 кото́рый　　CD 87

この課の基本例文

① Э́то мой друг, кото́рый рабо́тает в зоопа́рке.

これは、動物園で働いている私の友人です。

② В э́том магази́не есть кни́га, кото́рую я хочу́ купи́ть.

この店に、私の買いたい本があります。

③ Он пошёл на по́чту, кото́рая нахо́дится недалеко́ от ста́нции.

彼は、駅の近くにある郵便局に出かけました。

④ Э́то арти́ст, о кото́ром я расска́зывал.

これは、私が話していた俳優です。

(語句) □ кото́рый 関係代名詞…しているところの　□ кото́ром ＜ кото́рый…しているところの　□ кото́рая ＜ кото́рый…しているところの　□ нахо́дится ＜ находи́ться 位置する　□ недалеко́ от ＜＋ чего́　生格＞…の近くに

文法と用例　覚えておきたいこと

　この課では関係代名詞を勉強しましょう。いくつかある関係代名詞のなかで、もっともよく使われるのは котóрый です。

1 関係代名詞 котóрый の変化

котóрый は以下のように形容詞硬変化Ⅰと同じ性・数・格の変化をします。

	男性	中性	女性	複数
主	котóрый	котóрое	котóрая	котóрые
生	котóрого	котóрого	котóрой	котóрых
与	котóрому	котóрому	котóрой	котóрым
対	котóрый*	котóрое	котóрую	котóрые*
造	котóрым	котóрым	котóрой	котóрыми
前	котóром	котóром	котóрой	котóрых

＊人を受けるときは生格と同じ形になります。

2 関係代名詞 котóрый の用法

　котóрый は先行詞（受ける名詞）に性と数を一致させ、**котóрый** が使われている文中での役割によって、格が決まります。

　基本例文①を見ましょう。

Э́то мой друг.　　Он рабóтает в зоопáрке.
これは私の友人です。⇩　彼は動物園で働いています。
Э́то мой друг, котóрый рабóтает в зоопáрке.
　　これは、動物園で働いている私の友人です。

　先行詞が **мой друг** なので関係代名詞は男性単数形 котóрый です。関係代名詞に導かれる文のなかでは、主語の役割をするので、主格の **котóрый** を置きます。

　つぎに котóрая が対格になっている基本例文②を見ましょう。

В э́том магази́не есть кни́га, кото́рую я хочу́ купи́ть.

この店に私の買いたい本があります。
先行詞は女性名詞の **кни́га** なので、関係代名詞は女性形 кото́рая です。関係代名詞に導かれる文中では хочу́ купи́ть の目的語の役割が求められるので、対格 **кото́рую** にします。

基本例文③では、先行詞は対格 по́чту（主 по́чта）ですが、関係代名詞は主語の役割なので主格 **кото́рая** がきます。

Он пошёл на по́чту, кото́рая нахо́дится недале́ко от ста́нции.
   彼は、駅の近くにある郵便局に出かけました。

例文④のように関係代名詞のある文中で前置詞が用いられる場合は、関係代名詞の前に置きます。

Э́то арти́ст. Я расска́зывал о нём*. * ＜ он の前置格
 これは、俳優です。 私は彼について話していました。

⇩

Э́то арти́ст, о кото́ром я расска́зывал.
 これは、私が話していた俳優です。

3 代名詞の前置格　　CD 88

代名詞の前置格の形を前置詞要求の前置詞 о（…について）とともに見ましょう。

я	обо	мне	мы	о	нас
ты	о	тебе́	вы	о	вас
он/оно́	о	нём	они́	о	них
она́	о	ней			

● мне の前で、前置詞 о は обо になるのに注意しましょう。

| Вспоминáй* обо мне! | 私のことを思い出してね。 |

* ＜ вспоминáть 思い出す

4 находи́ться の用法

基本例文③の находи́ться は「(ある場所・状態) に位置する」という意味です。変化は 2 式の歯音変化（第 14 課 1 参照）に -ся をつけたものです。

| Где нахо́дится спра́вочное бюро́? | — Оно́ нале́во. |
| 案内所はどこですか。 | 左にあります。 |

Мы иногда́ хо́дим в рестора́н, кото́рый нахо́дится ря́дом с*¹ гастроно́мом.*²
デリカテッセンの隣にあるレストランに、私たちはときどき行きます。

*¹ря́дом с ＜＋ чем 造＞…の隣に　　*² ＜ гастроно́м

練習問題・УПРАЖНЕНИЕ

1、関係代名詞に注意して、つぎの文を訳しましょう。

① Это моя́ ма́ма, кото́рая рабо́тает на по́чте.

② Я хочу́ чита́ть журна́л, кото́рый брат купи́л вчера́.

③ Вы зна́ете э́тих* студе́нтов, кото́рые прие́хали из Япо́нии?

* ＜ э́ти の対格

④ Он прочита́л дли́нное письмо́, кото́рое ма́ма написа́ла.

⑤ Андре́й пое́хал в теа́тр, кото́рый нахо́дится в це́нтре го́рода.

2、日本文になるように、空欄に **кото́рый** の適切な形を入れましょう。

① Ангара́, ... нахо́дится в Сиби́ри о́чень краси́вая.
シベリアにあるアンガラ川は、とても美しい。

② Я люблю́ часы́, ... мой муж мне подари́л.
私は、夫が贈ってくれた時計が好きです。

③ Вот фотогра́фия моего́* дя́ди, к .... я пое́дем о́сенью.
これが叔父の写真で、秋に私は彼のところに出かけます。

* ＜ мой の生格

206

④ Познако́мьтесь с мои́ми* друзья́ми, ... прие́хали в Москву́ из Петербу́рга.
ペテルブルグからモスクワにやって来た私の友人たちを紹介します。
* ＜ мой の造格

⑤ В за́ле я ви́дел де́вушку, о .... Пе́тя ча́сто расска́зывал.
ペーチャがたびたび話題にしていた娘を、私はホールで見かけました。

【第26課の解答】
1、①こちらは、郵便局で働いている私の母です。②弟（兄）が昨日買った雑誌を、私は読みたい。③日本から来たこの学生たちを、あなたは知っていますか。④ママが書いた長い手紙を、彼は読み終えた。⑤アンドレイは、町の中心地にある劇場に出かけた。

2、① кото́рая ② кото́рые ③ кото́рому ④ кото́рые ⑤ кото́рой

第27課 仮定法・接続詞 ЧТÓБЫ

CD 89

この課の基本例文

① Éсли бы сегóдня былá хорóшая погóда, я пошёл бы ловúть рыбу. Как жаль.

今日がいい天気なら、釣りに出かけるのに。残念だよ。

② Харуо éдет в Россúю, чтóбы изучáть рýсский язык.

ハルオは、ロシア語の勉強をするためにロシアに行きます。

③ Бáбушка подарúла емý своú стáрые часы, чтóбы внук не забывáл её.

おばあさんは、孫がおばあさんを忘れないようにと、自分の古い時計を贈りました。

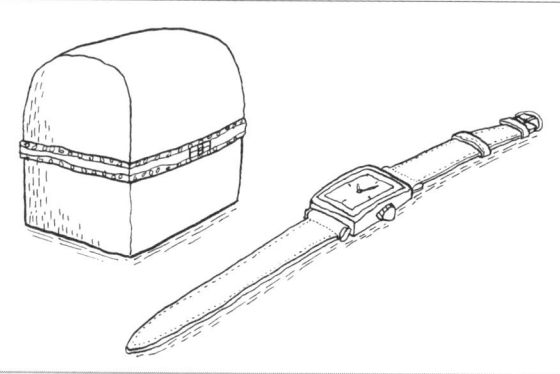

語句 □ бы（助詞）過去形と用いて仮定を表す □ ловúть [2] 捕える □ чтóбы（接続詞）…するために…するように □ забывáть 忘れる

文法と用例　覚えておきたいこと

　この課では仮定法を勉強します。ロシア語の仮定法はとても単純です。理由や願望を述べる чтóбы もむずかしくありません。

1 仮定法 － 動詞の過去形＋ бы

　動詞の過去形＋ бы は実際にはないこと、仮定を表現します。動詞の過去形を使いますが、**過去・現在・未来、どの時点の仮定の話も表現できます。**

　бы の位置は éсли（もし）がある文節では éсли のすぐあとに、そうでない文節では動詞過去形のあとに置きます。

［現在における仮定］

　Éсли **бы** Мúша **был** здесь, он **помогáл бы** мне.
　もし、ミーシャがここにいれば、私を手伝ってくれるのに。

［過去における仮定］

　Éсли **бы** Мúша **был** здесь вчерá, он **помогáл бы** мне.
　もし、昨日ミーシャがここにいたら、私を手伝ってくれたのに。

［未来における仮定］

　Éсли **бы** Мúша **был** здесь зáвтра, он **помогáл бы** мне.
　もし、明日ミーシャがここにいれば、私を手伝ってくれるだろうに。

●動詞はいつも過去形なので、文脈によって訳し分けます。

● éсли を使わない、つぎのような文も仮定法です。

　Без* Тáни **бы́ло бы** скýчно.
　ターニャがいなくては退屈だがね。　　　＊前置詞＜ чегó-когó ＋生格＞…なしで

2 条件を表す éсли

　第 20 課の基本例文に出てきた éсли は未来の条件を表すだけなので、**動詞の過**

去形＋**бы** は使いません。比べてみましょう。

Éсли зáвтра бýдет хорóшая погóда, мы с дрýгом бýдем игрáть в тéннис.
もし、明日天気がよかったら、友だちとテニスするよ。[明日のことはわからない]

Éсли **бы** зáвтра **былá** хорóшая погóда, мы с дрýгом **игрáли** бы в тéннис.
もし、明日天気がよかったら、友だちとテニスするのだけれど。[多分、天気はよくない]

3 願望を表す仮定法

動詞の過去形＋**бы** は、願望の表現や婉曲な言い回しにも用いられます。

[願望] Я поéхал бы с тобóй!　　きみと一緒に出かけられたらなぁ！
[婉曲] Я хотéл бы покупáть сувенúр.
　　　　　　　　　　　　　私はおみやげを買いたいのですが。

● xотéть は英語の want と同じで現在形のまま使うと少しきついので、会話ではよく
Я хотéл/ла бы「私は…したいのですが」という表現が使われます。

4 接続詞 чтóбы の用法

接続詞 чтóбы に導かれる文節は、**行為の目的や願望、意志**を表します。
日本語では「…するために」「…しようと」と訳せます。

чтóбы で始まる文節の動詞は①過去形になる、②不定形になる、のいずれかです。
①[過去形になる]　中心になる文節と чтóбы で始まる文節の**主語が違う**場合。

Мой отéц хóчет, чтóбы **я** получúл вы́сшее образовáние.
私が高等教育を受けることを、父は望んでいます。

Натáша купúла мáсло и мукý*, чтóбы **мáма** приготóвила пирóг.
＊＜мукá
ママがパイを作るために、ナターシャはバターと小麦粉を買いました。

●この場合、чтóбы で始まる文節では話の**時制に関係なく過去形**を用います。

②［不定形になる］　中心になる文節と чтóбы で始まる文節の**主語が同じ**場合。

Я приéхал в Япóнию, чтóбы **получи́ть** вы́сшее образовáние.
高等教育を受けるため私は日本に来ました。［日本に来たのも高等教育を受けるのも「私」］

Натáша купи́ла мáсло и муку́, чтóбы **пригото́вить** пирóг.
パイを作るために、ナターシャは油と小麦粉を買いました。［買うのも作るのも「ナターシャ」］

練習問題・УПРАЖНЕНИЕ

1、例にならって、条件を表した文を仮定法の文にしましょう。

例　Éсли зáвтра бýдет хорóшая погóда, мы бýдем гулять.
　　（明日がいい天気なら私たちは散歩するでしょう。）

　→Éсли бы зáвтра былá хорóшая погóда, мы гуляли бы.
　　（もし、明日がいい天気なら、私たちは散歩するのだが）

① Éсли вы бýдете со мной, я бýду рад.

→ ＿＿＿＿＿＿＿＿＿＿＿＿＿＿＿＿＿＿＿＿＿＿＿＿＿＿＿＿

　（もし、あなたが私といてくれるなら、うれしいのですが）

② Éсли он бýдет старáться*1 бóльше, он бýдет хорóшим музыкáнтом*2.
　*1 [1] 努力する　*2 音楽家

→ ＿＿＿＿＿＿＿＿＿＿＿＿＿＿＿＿＿＿＿＿＿＿＿＿＿＿＿＿

　（もし、彼がもっと努力するなら、いい音楽家になるでしょうが）

③ Éсли у вас есть вопрóс, я с удовóльствием отвéчу*.

→ ＿＿＿＿＿＿＿＿＿＿＿＿＿＿＿＿＿＿＿＿＿＿＿＿＿＿＿＿

　（もし、質問があるなら、私は喜んでお答えしますが）

　* ＜ отвéтить [2]（完）答える

2、чтóбы が導く文節中の動詞（下線部）を適切な形にしましょう。

① Друг принёс* футбóльный мяч, чтóбы Кóля заниматься
＿＿＿＿＿＿＿＿＿ спóртом.　*＜принести（完）「持ってくる」の過去形（男）
　（コーリャが運動するために、友人がサッカーボールを持ってきた）

② Я хочý, чтóбы моя подрýга приéхать＿＿＿＿＿＿＿＿＿ в Москвý.
　（私は、友人（＝女性）がモスクワに来てくれるよう望んでいる）

③Акико е́дет в Росси́ю, что́бы изуча́ть................................ ру́сский язы́к.
　（明子は、ロシア語を勉強するためにロシアへ行きます）

3、つぎの文をロシア語にしましょう。

①昨日天気がよかったら、釣りに出かけたのに。

___

②ヴィクトルは、日本語を勉強するために日本に行きます。

___

【第27課の解答】

1、① Е́сли бы вы бы́ли со мной, я был бы рад.
　　② Е́сли бы он стара́лся бо́льше, он был бы хоро́шим музыка́нтом.
　　③ Е́сли бы у вас был вопро́с, я с удово́льствием отве́тил бы.

2、① занима́лся ② прие́хала ③ изуча́ть

3、① Е́сли бы вчера́ была́ хоро́шая пого́да, я пошёл/пое́хал бы лови́ть ры́бу.
　　② Ви́ктор е́дет/лети́т в Япо́нию, что́бы изуча́ть япо́нский язы́к.

第28課 いろいろな表現　　CD 90

この課の基本例文

① － Говоря́т, что ру́сские о́чень лю́бят моро́женое. Э́то пра́вда?

　　　　　　　　　ロシア人はアイスクリーム好きといわれていますね。本当ですか。

　－ Я ду́маю да. Мне то́же нра́вится моро́женое.

　　　　　　　　　そうだと思いますよ。私もアイスクリームは好きですね。

② － Что мы возьмём?　　　　何をとりましょうか。

　－ Я возьму́ су́си. Я никогда́ не е́ла су́си.

　　　　　　　　　私はお寿司をもらうわ。一度も食べたことがないのよ。

③ － Како́е сего́дня число́?　　今日は何日かしら。

　－ Сего́дня тридца́тое декабря́. 12月30日だよ。
　　 Ско́ро две ты́сячи пя́тый год.

　　　　　　　　　じきに2005年だね。

語句　☐ что（接続詞）…ということ　☐ пра́вда［プラーウダ］真実　☐ так そのように　☐ нра́вится < нра́виться 好む　☐ возьмём < взять（完）とる：возьму́, возьмёшь, возьмёт, возьмём, возьмёте, возьму́т　☐ никогда́ не 一度も…ない　☐ число́ …日　☐ тридца́тое < тридца́тый 第30の　☐ пя́тый 第5の

文法と用例　覚えておきたいこと

最後の課です。いろいろな表現について学びましょう。

1 нра́виться の用法

基本例文①の нра́виться は「気に入っている、好きだ」という意味です。**主体を与格で表し、対象となるものや人を主格で表します。**

Мне нра́вится моро́женое. = Я люблю́ моро́женое.
　与格　　　　主格　　　　　主格　　　対格
　　　　　　私はアイスクリームが好きです。

Им нра́вится э́та му́зыка. = Они́ лю́бят э́ту му́зыку.
　与格　　　　主格　　　　　主格　　　対格
　　　　　　彼らは、この音楽が気に入っています。

● 動詞 нра́виться の変化が主格によって決まることに注意しましょう。

Ему́ нра́вятся япо́нские блю́да*.　*блю́до の複数
彼は日本料理が好きです。

нра́виться と対をなす完了体動詞は понра́виться です。どちらも2式の唇音変化（第13課 1 参照）です。

2 不定人称文 －「…ということだ」「…される、された」

主語なしで、動詞の現在3人称複数形または過去複数形が用いられた文は、主語をとくに問題とせず、事実を伝えます。基本例文①のように、「…といわれている」と受身に訳すほか、「…らしい」「…そうだ」などと訳せます。

Говоря́т, что в понеде́льник бу́дет тепло́.
　　月曜日は暖かいらしい。
По* телеви́зору передава́ли хоро́ший фильм.
　　テレビでよい映画が放映されていた。　*＜чему́ 与格＞（通信手段）で。

このような文を**不定人称文**といいます。

3 否定代名詞、否定副詞（ни 疑問詞）

基本例文②のように否定を強調する語（ни 疑問詞）には他に次のようなものがあります。

никто́ 誰も　никому́ 誰にも　ничто́ 何も　никогда́ 一度も ⎫ +не
нигде́ どこにも　никако́й どんな…　ника́к どうしても ⎬ →強い否定

Никто́ мне не звони́л.　誰も私に電話してこなかった。
Нико́му не говори́!　誰にも言わないでね。

4 順序数詞の形

順序を表す順序数詞は、**形容詞と同じように性・数・格で変化します**。辞書は単数男性形で引きます（順序数詞表はこの課の最後です）。

第1学年　пе́рвый курс　　　第1ページ　пе́рвая страни́ца
1番目の言葉　пе́рвое сло́во
пе́рвые дни* в Москве́　モスクワでの初めての日々　　*день 日
Я учу́сь на пе́рвом* ку́рсе. 私は1年生です（第1学年で学ぶ）。
*пе́рвый の前置格

ただし、「第3の」は軟変化（第8課 5 参照）とはすこし違った変化です。
（男）тре́тий、（女）тре́тья、（中）тре́тье、（複）тре́тьи

5 日付の表現－①「…日」②「…月…日」③「…日に」

① 基本例文③のように「何日ですか」と聞くときは число́ を使います。本来、「数」という意味です。「…日」は**順序数詞中性形**で表します。

Како́е сего́дня число́? – Тре́тье.　今日は何日ですか。3日です。

② 「…月…日」という場合は「日＋月の生格」で表します。（月名は第19課 9 参照）
Сего́дня шесто́е января́.　　　　今日は1月6日です。
Мой день рожде́ния – два́дцать второ́е ма́рта.
　　　　　　　　　　　　　　　私の誕生日は3月22日です。

③ 「…日に」「…月…日に」という場合は「…日」を生格にします（月の生格はそのままです）。

Я роди́лся* деся́того а́вгуста.　私は8月10日に生まれました。

＊＜ роди́ться [2] 生まれる。

6 年の表現－①「…年」②「…年に」

① 年は год です。「…年」というときは**順序数詞男性形＋год** で表します。

1812年　ты́сяча восемьсо́т двена́дцатый год

2030年　две ты́сячи тридца́тый год

② 「…年に」は **в＋順序数詞男性形前置格＋（год の前置格）году́** を用います。

1812年に　в ты́сяча восемьсо́т двена́дцатом году́

2030年に　в две ты́сячи тридца́том году́

Он у́мер* в ты́сяча девятьсо́т пя́том году́.
　　　彼は1905年になくなりました。

＊＜ умере́ть（完）умру́、умрёшь、умрёт、умрём、умрёте、умру́т
過去　у́мер、умерла́、у́мерло、у́мерли

7 「…年…月…日」

「…年…月…日」は**日（順序数詞中性形）＋月の生格＋年の生格** で表します。

2010年12月10日

деся́тое декабря́ две ты́сячи деся́того го́да

順序数詞（第…、…の）

1	пе́рвый	11	оди́ннадцатый	30	тридца́тый
2	второ́й	12	двена́дцатый	40	сороково́й
3	тре́тий	13	трина́дцатый	50	пятидеся́тый
4	четвёртый	14	четы́рнадцатый	60	шестидеся́тый
5	пя́тый	15	пятна́дцатый	70	семидеся́тый
6	шесто́й	16	шестна́дцатый	80	восемидеся́тый
7	седьмо́й	17	семна́дцатый	90	девяно́стый
8	восьмо́й	18	восемна́дцатый	100	со́тый
9	девя́тый	19	девятна́дцатый	200	двухсо́тый
10	деся́тый	20	двадца́тый	300	трёхсо́тый

400	четырёхсо́тый	700	семисо́тый	1,000	ты́сячный
500	пятисо́тый	800	восемисо́тый		
600	шестисо́тый	900	девятисо́тый		

● 組み合わせの順序数詞は英語の場合と同じで、**最後の数詞だけ順序数詞にします。**　　101の　　сто **пе́рвый**

練習問題・УПРАЖНЕНИЕ

1、つぎの不定人称文を訳しましょう。

① Здесь продают* фру́кты.　　　　* < продава́ть : -авать 動詞、売る

_____

② В газе́те писа́ли, что идёт интере́сный фильм.

_____

③ Говоря́т, что за́втра бу́дет хо́лодно.

_____

2、つぎの文を例にならって、**нра́виться** を使った文にしましょう。

　例　Я люблю́ э́тот журна́л. → Мне нра́вится э́тот журна́л.

① Я люблю́ моро́женое. →_____

② Вы лю́бите э́ту му́зыку?
　　　　　　　　　　→_____

③ Они́ лю́бят япо́нские блю́да.
　　　　　　　　　　→_____

3、日本文になるようにかっこ内に否定語を入れましょう。

① Он (　　　　　　　　) не́ был в Кио́то.
　彼は一度も京都に行ったことがありません。

② (　　　　　　　　) мне не говори́л об э́том.
　それについて、誰も私に言わなかった。

219

③ Он（　　　　　　　　　）не пи́шет письмо́.
　彼は誰にも手紙を書きません。

4、次の順序数詞を後ろの名詞に合った形にして、意味を書きましょう。

① пе́рвый _____ уро́к　意味 _____

② второ́й _____ страни́ца　_____

③ седьмо́й _____ эта́ж（階）　_____

5、例にならって、ロシア語の日付を「…月…日」と書きましょう。
　　例　два́дцать второ́е　ноября́　<u>11月22日</u>

① пе́рвое января́ _____

② тре́тье ма́рта _____

③ пя́тое а́вгуста _____

④ шесто́е ма́я _____

⑤ оди́ннадцатое декабря́ _____

【第28課の解答】

1、①ここでは果物が売られている。②面白い映画が上映されていると、新聞に書かれていた。③明日は寒いそうだ。

2、① Мне нра́вится моро́женое. ② Вам нра́вится э́та му́зыка.
③ Им нра́вятся япо́нские блю́да.

3、① никогда́ ② Никто́ ③ никому́

4、① пе́рвый、第1課　② втора́я、第2ページ　③ седьмо́й、7階

5、①1月1日　②3月3日　③8月5日　④5月6日　⑤12月11日

付 表

● いろいろな格をとる前置詞

＜＋生格＞	без …なしで		из	…から、…なかから
	для …のために、…にとって		с	…から、
	до …まで		óколо	…のもとに、
	от …から		у	そばに、…のもとに
＜＋与格＞	к …のほうへ		по	（運動の行われる）表面・場で、…に関して
＜＋対格＞	в …へ	на …へ	чéрез	…を通って（時間に関して）…後に
＜＋造格＞	мéжду …のあいだに		пéред	…の前
	над …の上のほうに		рядом с	…のとなりに
	под …の下の方に		с	…とともに
	за …の後ろに			
＜＋前置格＞	в …のなかに、…で		при	…に際して
	на …の上に、…で		о	…について

● 男性名詞の変化

		（雑誌）	（学生）	（路面電車）	（かばん）
単	主	журнáл	студéнт	трамвáй	портфéль
	生	журнáла	студéнта	трамвáя	портфéля
	与	журнáлу	студéнту	трамвáю	портфéлю
	対	журнáл	студéнта	трамвáй	портфéль
	造	журнáлом	студéнтом	трамвáем	портфéлем
	前	журнáле	студéнте	трамвáе	портфéле

複	主	журна́лы	студе́нты	трамва́и	портфе́ли
	生	журна́лов	студе́нтов	трамва́ев	портфе́лей
	与	журна́лам	студе́нтам	трамва́ям	портфе́лям
	対	журна́лы	студе́нтов	трамва́и	портфе́ли
	造	журна́лами	студе́нтами	трамва́ями	портфе́лями
	前	журна́лах	студе́нтах	трамва́ях	портфе́лях

● 女性名詞の変化

		(新聞)	(婦人)	(週)	(ノート)
単	主	газе́та	да́ма	неде́ля	тетра́дь
	生	газе́ты	да́мы	неде́ли	тетра́ди
	与	газе́те	да́ме	неде́ле	тетра́ди
	対	газе́ту	да́му	неде́лю	тетра́дь
	造	газе́той	да́мой	неде́лей	тетра́дью
	前	газе́те	да́ме	неде́ле	тетра́ди
複	主	газе́ты	да́мы	неде́ли	тетра́ди
	生	газе́т	дам	неде́ль	тетра́дей
	与	газе́там	да́мам	неде́лям	тетра́дям
	対	газе́ты	дам	неде́ли	тетра́ди
	造	газе́тами	да́мами	неде́лями	тетра́дями
	前	газе́тах	да́мах	неде́лях	тетра́дях

●中性名詞の変化

		(単語)	(海)	(時間)
単	主	слóво	мóре	врéмя
	生	слóва	мóря	врéмени
	与	слóву	мóрю	врéмени
	対	слóво	мóре	врéмя
	造	слóвом	мóрем	врéменем
	前	слóве	мóре	врéмени
複	主	словá	моря́	временá
	生	слов	морéй	времён
	与	словáм	моря́м	временáм
	対	словá	моря́	временá
	造	словáми	моря́ми	временáми
	前	словáх	моря́х	временáх

●形容詞の性・数・格変化

この項の * 印は活動名詞に関する形です。

硬変化Ⅰ（нóвый 新しい）

	男性形	中性形	女性形	複数形
主	нóвый	нóвое	нóвая	нóвые
生	нóвого		нóвой	нóвых
与	нóвому		нóвой	нóвым
対	нóвый / нóвого*	нóвое	нóвую	нóвые / нóвых*
造	нóвым		нóвой	нóвыми
前	нóвом		нóвой	нóвых

硬変化Ⅱ（молодо́й　若い）

	男性形	中性形	女性形	複数形
主	молодо́й	молодо́е	молода́я	молоды́е
生	молодо́го		молодо́й	молоды́х
与	молодо́му		молодо́й	молоды́м
対	молодо́й / молодо́го*	молодо́е	молоду́ю	молоды́е / молоды́х*
造	молоды́м		молодо́й	молоды́ми
前	молодо́м		молодо́й	молоды́х

軟変化（си́ний 青い）

	男性形	中性形	女性形	複数形
主	си́ний	си́нее	си́няя	си́ние
生	си́него		си́ней	си́них
与	си́нему		си́ней	си́ним
対	си́ний / си́него*	си́нее	си́нюю	си́ние / си́них*
造	си́ним		си́ней	си́ними
前	си́нем		си́ней	си́них

硬変化Ⅰの変形型・語幹末が г, к, х（ру́сский ロシアの）

	男性形	中性形	女性形	複数形
主	ру́сский	ру́сское	ру́сская	ру́сские
生	ру́сского		ру́сской	ру́сских
与	ру́сскому		ру́сской	ру́сским
対	ру́сский / ру́сского*	ру́сское	ру́сскую	ру́сские / ру́сских*
造	ру́сским		ру́сской	ру́сскими
前	ру́сском		ру́сской	ру́сских

硬変化Ⅱの変形型・語幹末が г, к, х, ж, ч, ш, щ（большо́й 大きい）

	男性形	中性形	女性形	複数形
主	большо́й	большо́е	больша́я	больши́е
生	большо́го		большо́й	больши́х
与	большо́му		большо́й	больши́м
対	большо́й / большо́го*	большо́е	большу́ю	больши́е / больши́х*
造	больши́м		большо́й	больши́ми
前	большо́м		большо́й	больши́х

軟変化の変形型・語幹末が ж , ч , ш , щ（хоро́ший よい）

	男性形	中性形	女性形	複数形
主	хоро́ший	хоро́шее	хоро́шая	хоро́шие
生	хоро́шего		хоро́шей	хоро́ших
与	хоро́шему		хоро́шей	хоро́шим
対	хоро́ший / хоро́шего*	хоро́шее	хоро́шую	хоро́шие / хоро́ших*
造	хоро́шим		хоро́шей	хоро́шими
前	хоро́шем		хоро́шей	хоро́ших

●所有代名詞の変化

この項の * 印は活動名詞に関する形です。

мой（私の）твой（きみの）свой（自分の）　　наш（私たちの）ваш（あなたの）

	（男）	（中）	（女）	（複）
主	мой	моё	моя́	мои́
生	моего́		мое́й	мои́х
与	моему́		мое́й	мои́м
対	мой / моего́*	моё	мою́	мои́ / мои́х*
造	мои́м		мое́й	мои́ми
前	моём		мое́й	мои́х

	（男）	（中）	（女）	（複）
主	наш	на́ше	на́ша	на́ши
生	на́шего		на́шей	на́ших
与	на́шему		на́шей	на́шим
対	наш / на́шего*	на́ше	на́шу	на́ши / на́ших*
造	на́шим		на́шей	на́шими
前	на́шем		на́шей	на́ших

● твой, свой も同じ語尾変化です。　　● ваш も同じ語尾変化です。

●指示代名詞 э́тот（この）と定代名詞 весь（すべての）の変化

この項の * 印は活動名詞に関する形です。

	（男）	（中）	（女）	（複）
主	э́тот	э́то	э́та	э́ти
生	э́того		э́той	э́тих
与	э́тому		э́той	э́тим
対	э́тот / э́того*	э́то	э́ту	э́ти / э́тих*
造	э́тим		э́той	э́тими
前	э́том		э́той	э́тих

	（男）	（中）	（女）	（複）
主	весь	всё	вся	все
生	всего́		всей	всех
与	всему́		всей	всем
対	весь / всего́*	всё	всю	все / всех*
造	всем		всей	все́ми
前	всём		всей	всех

著者紹介

前木 祥子（まえきさちこ）

早稲田大学大学院修士課程修了、同大学院博士課程単位取得。
ロシア詩専攻。現在、早稲田大学、慶応大学兼任講師。

著書　『パステルナーク』（清水書院）、『コワレフスカヤ―ロシアの天才数学者―』
　　　（東洋書店）『やさしいロシア語の決まり文句』（南雲堂・共著）「ロシア文
　　　学への扉」（慶應大学出版会・共著）

訳書　トィニャーノフ「過渡期の詩人たち」（『ロシア・フォルマリズム論文集２』
　　　せりか書房・所収）パステルナーク＋フレイデンベルグ『愛と詩の手紙』
　　　（時事通信社・共訳）他。

ロシア語校閲・CDナレーション　ツァルーク・ナターリア

CD 収録時間・60 分

CD BOOK しっかり学ぶロシア語

2004 年 11 月 25 日　初 版 発 行
2019 年 6 月 9 日　第 13 刷発行

著者	前木 祥子
カバーデザイン	竹内 雄二
本文イラスト	井ヶ田 惠美

©Sachiko Maeki 2004. Printed in Japan

発行者	内田 真介
発行・発売	ベレ出版 〒162-0832 東京都新宿区岩町12 レベッカビル TEL.03-5225-4790　FAX.03-5225-4795 振替 00180-7-104058
印刷	株式会社 文昇堂
製本	根本製本株式会社

落丁本・乱丁本は小社編集部あてにお送りください。送料小社負担にてお取り替えします。

ISBN 4-86064-072-1 C2087　　　　　　　　　編集担当　脇山和美

ふたりで練習 初級英会話ワークブック
ISBN4-86064-041-1
§岩城貴宏　クリスティーナ・クオ／1300円／四六判
親子、きょうだい、友だち同士…一緒に楽しみながら英語を話す練習。

CD BOOK やらされないとできない人の リピート＆マスター英会話
ISBN4-86064-044-6
§下斗米桂一／1800円／四六判
CDに続いてドンドン声に出すアウトプットエクササイズ。最強の英語リピート教材。

諸外国語

CD BOOK しっかり学ぶ中国語　文法と練習問題
ISBN4-939076-19-9
§紹文周／1700円／A5判
語順でわかる中国語入門。基礎からしっかり学びたい人の本格的な書。

CD BOOK しっかり学ぶ韓国語　文法と練習問題
ISBN4-939076-27-X
§金裕鴻／1900円／A5判
表現・語法をやさしくわかりやすく解説。豊富なセルフチェック問題。

CD BOOK しっかり学ぶドイツ語　文法と練習問題
ISBN4-939076-39-3
§岩間智子／1900円／A5判
使えるドイツ語を身につける為の入門書。挫折させない画期的文法書。

CD BOOK しっかり学ぶスペイン語 文法と練習問題
ISBN4-939076-42-3
§桜庭雅子　貫井一美／1800円／A5判
話すためには基本文法の習得は不可欠。動詞の活用も聞いて覚える。

CD BOOK しっかり学ぶフランス語
発音と文法と練習問題
ISBN4-939076-53-9
§高橋美佐／1800円／A5判
発音と文法の基礎を丁寧に解説。[読む・話す・書く]力が確実につく。

CD BOOK しっかり学ぶイタリア語 文法と練習問題
ISBN4-939076-44-X
§一ノ瀬俊和／1800円／A5判
途中でつまづくことなく入門の入門からもう一歩先まで学べる文法書。

諸外国語各種

CD BOOK しっかり学ぶポルトガル語
文法と練習問題
§ライト松崎雅子／1800円／A5判
ISBN4-86064-032-2
ポルトガルのポルトガル語をきちんと身につけたい人に最適の一冊。

CD BOOK しっかり身につく中国語 トレーニングブック
§紹文周／1800円／A5判
ISBN4-86064-002-0
語順を把握しながら正しい文を組み立て文法を身につけていく段階的入門書。

CD BOOK しっかり身につく韓国語 トレーニングブック
§田星姫　河村光雅／2400円／A5判
ISBN4-86064-005-5
中級を目指して、使える例文と一緒に初級を修了した方の文法を丁寧に解説。

CD BOOK しっかり学ぶフランス語文法
§佐藤康／1900円／A5判
ISBN4-86064-023-3
文字と発音、基本例文・練習問題が豊富な独習用トレーニング本に最適。

CD BOOK しっかり身につく中国語会話
§紹文周／1800円／A5判
ISBN4-939076-65-2
各課のテーマのダイアログは生活場面に見られる会話例で、本格的な会話入門書。

CD BOOK しっかり身につく韓国語会話
§李泰文／2200円／A5判
ISBN4-939076-71-7
発音の基礎から、各課の場面別会話パターンへ。＜表現力の幅を広げる＞実践編。

CD BOOK しっかり身につくイタリア語会話
§入江たまよ／2200円／A5判
ISBN4-86064-026-8
基本例文と豊富な＜リエゾン＞を初歩から身近な話題の順に段階的に学習。

CD BOOK しっかり身につくスペイン語会話
§桜庭雅子／2500円／A5判
ISBN4-86064-006-3
2000以上の日常会話フレーズを収録後、応用力を身につく＜名詞入門書。

韓国語必須単語6500

ISBN4-86064-027-6
§ 田 星姫 ／ 1700円／四六判

生活用語を中心に、国際関係・産業・コンピュータなど現代的用語を収録。

TOEIC® Test 大特訓プログラム

ISBN4-93076-04-0
§ 長・木下 貴／1800円／A5判

よく出題されている表現を整理し、650点突破の実戦問題事中攻略。

TOEIC® Test 900点突破 対策と問題

ISBN4-93076-09-1
§ 石井 辰哉／2200円／A5判

現在分布の得点をとにかくもう一つ上のレベルの高い語問題をマニック。

TOEIC® Test 900点突破必須英単語

ISBN4-93076-30-X
§ 石井 辰哉／1900円／四六判

900点突破の厳選英単語と頻出表現を一気にマスター＜英語音声＋圏脳筆・圏脳的選語集。

CD-ROM付き TOEFL® Test 問題と傾向対策

ISBN4-93076-51-2
§ 林 功／2300円／A5判

コンピュータ演習形式に完全対応の傾向分析、213点突破、これだけが知的記述。

TOEFL® TEST 必須英単語5000

ISBN4-93076-73-3
§ 林 功／2400円／四六判

過去6回を徹底分析し厳選した頻出英単語とエリア250点突破、CBT対応。

TOEFL® TEST 英文法模試対策

ISBN4-93076-93-8
§ 林 功／1800円／A5判

よく理解されるアプローチで効果的な問題と回答対策目標とする予備校的対策マニュアル。

英会話・表現力の基礎がわかる

ISBN4-93076-49-0
§ 野崎 映如／伊藤 道夫／小沢 保博／1400円／A5判

意味がわかる、感じがつかめれば、教学・基本はぐんと出やすい。